JN074240

実践 Q&A
予算管理のはなし

芳野剛史〔著〕

BUDGETARY
MANAGEMENT

中央経済社

は じ め に

　これまでコンサルティングの仕事をしている中で，予算管理に対する疑問や不満を数多く耳にしてきました。予算編成は膨大な時間と労力を要し，企業の多くは3〜4カ月もの時間を費やしています。さらにタイミングが悪く，年度末の一番忙しい時期に次年度の予算編成が重なるため，現場がイライラするのも当然なのでしょう。

　なかでも予算に時間がかかりすぎるという不満は非常に多く，「デジタル化によってもっと効率的にできるのではないか」，「いまだに Excel で作業をしているのは遅れているのではないか」，「海外でもこんなに時間をかけているのか」，「そもそも予算管理など本当に必要なのか」といった疑念が出てきます。

　また，ほかの管理手法との混乱も生じているようです。たとえばバランス・スコアカードや KPI マネジメントなどが併用されていると，「それぞれの違いや関係性はどうなっているのか」，「二重管理で余計な管理負担を増やしているのではないか」などとこぼします。

　このような疑問や不満に対して正面から向き合った書籍は今のところ見当たりません。どれも正論を説明した「教科書的」な本ばかりです。かくゆう筆者も2012年に『不況を勝ち抜く予算管理ガイドブック』という教科書的な本を出版しました。実際に大学の教科書としても使用されていたようです。予算管理に関するニーズは高く，十数回の重版にいたるロングセラーとなりましたが，それでも現場の素朴な疑問に答え切れていませんでした。

　本書は予算管理に対する疑問や不満に対して真正面から答えた初めての書籍です。『不況を勝ち抜く予算管理ガイドブック』ではカバーしきれなかった「現場目線」の素朴な疑問を出発点としてまとめました。

　本書は「入門書」の位置づけで執筆しており，予算管理の前提知識を持たない人にとっても，読みやすい内容となっています。また経理部門の人だけを対象としているわけではなく，事業部門のビジネスリーダーにも理解しやすいよ

うに説明しています。実際に予算へ責任を持っているのは事業部門の方々ですので，その人たちが予算管理というマネジメントツールを最大限に活用し，効果を刈り取ってもらいたいと期待しています。

　本書の特徴は，Q&A 形式でありながら，予算管理を「体系的」にまとめている点です。Q&A 形式のため，1つひとつのトピックで話が完結していますが，全体として予算体系を網羅しています。そのため本書をひととおり読めば，予算管理全体について理解できるように構成しています。

　本書の構成は，まず第1章で素朴な疑問にひととおり答えることを優先し，第2～3章で予算管理の全体像を体系的に説明しています。また第3章の後半では予算管理の「デジタル化」についても解説しています。第4～5章では，予算管理に関係する新しいマネジメント手法について説明し，次々に出てくる管理手法の交通整理を行いました。本書を通じて，日ごろ感じている疑問や不満が少しでも解消されることを心より願っています。

　本書の執筆にあたっては多くの方々から貴重な意見やアドバイスをいただきました。また中央経済社の長田烈氏には本書の執筆において大変お世話になりました。ここで改めて感謝を申し上げます。

2021年11月

芳 野 剛 史

CONTENTS

はじめに

第1章 予算管理の基本

Q1　予算管理の必要性／2
　　▶予算は面倒な作業ですが本当に必要なのでしょうか？

Q2　予算を作らない会社／4
　　▶予算を作っていない会社もありますか？

Q3　ノルマと目標の違い／6
　　▶予算は結局ノルマのことだと思いますが，違いますか？

Q4　過度な予算至上主義／8
　　▶ノルマを重視するとパワハラや不正を引き起こすのではない
　　　でしょうか？

Q5　買物の予算との違い／10
　　▶買物で予算というと「使えるお金」のことですが，企業の予算
　　　も同じですか？

Q6　予算とKPIの関係性／12
　　▶予算は目標と同じですか？　そうであればKPIだけあればよ
　　　いのではないでしょうか？

Q7　戦略性のない予算とは／14
　　▶社長の一言で「前年比20％増」というように，一律の予算が下
　　　りてきます。これでいいのでしょうか？

Q8　不公平な予算配分／16
　　▶予算配分に不公平を感じますが，そもそも公平な予算配分な
　　　どあるのでしょうか？

Q 9　環境変化に弱い予算管理／18

　　　▶経営環境は刻々と変化するので，予算にしばられると逆効果
　　　　ではないでしょうか？

Q10　予算が達成できない原因／20

　　　▶いつも予算が達成しません。予算を作る意味はあるのでしょ
　　　　うか？

Q11　事業計画と予算の違い／24

　　　▶予算は計画とのことですが，計画ならば中期経営計画や事業
　　　　計画もあります。どう違うのでしょうか？

Q12　戦略と予算の関係性／26

　　　▶戦略と予算がリンクしていないのですが，本来どうすればい
　　　　いのでしょうか？

Q13　予算の5つの機能／28

　　　▶予算にはどのような役割があるのでしょうか？

Q14　基本的な予算体系／30

　　　▶予算管理の全体像がわからないので教えてください。

Q15　予算管理の全体プロセス／32

　　　▶予算管理の全体プロセスを教えてください。

Q16　予算管理における経理の役割／36

　　　▶予算管理における経理（予算部門）の役割は何でしょうか？

第2章　予算編成のポイント

Q17　予算編成にかかる膨大な時間／40

　　　▶予算編成に3～4カ月もかかるのですが，どの会社も同じな
　　　　のでしょうか？　海外企業はもっと早いのでしょうか？

Q18　予算編成の効率化／42

　　　▶もっと効率的に予算を組めないかと思います。どのような方
　　　　法があるのでしょうか？

Q19　売上高予算の見積り方法／46

　　▶売上目標を見積るために現場の数字を積み上げていますが，これは古いやり方ではないでしょうか？

Q20　販売費予算の決め方／52

　　▶販売費の予算はどのように決めればいいのでしょうか？

Q21　製造予算の策定ポイント／56

　　▶製造予算の策定についてポイントを教えてください。

Q22　製造原価予算の作り方／58

　　▶売上原価の予算はどのように作るのでしょうか？

Q23　在庫削減の必要性／62

　　▶在庫を削減しろと言われるのですが，倉庫には余裕があり，欠品も避けたいです。在庫が増えたら何が悪いのでしょうか？

Q24　在庫予算の策定方法／64

　　▶在庫予算の策定方法を教えてください。

Q25　仕掛品在庫の削減方法／68

　　▶仕掛品在庫も減らしたほうがいいのでしょうか？

Q26　定期発注点方式と定量発注点方式／70

　　▶材料在庫予算のポイントを教えてください。

Q27　購買予算における調達費削減／74

　　▶調達コスト削減も重要テーマの1つです。どのように予算を組むべきですか？

Q28　本社費用の管理方法／78

　　▶営業や製造は予算できびしく管理されていますが，本社部門は甘いのではないでしょうか？

Q29　資金予算とは／80

　　▶資金予算とは何でしょうか？

Q30　資本予算とは／82

　　▶投資の予算が限られている中で，予算を合理的に割り当てる手法を教えてください。

Q31　総合予算と予算財務諸表／86

　　　▶総合予算とは何でしょうか？

第3章　予算による組織マネジメント

Q32　予算統制の基本／90

　　　▶予算による組織マネジメントとは何でしょうか？

Q33　経営会議の意義／92

　　　▶予実管理にわざわざ会議を開く必要はあるのでしょうか？

Q34　予算差異の分析ステップ／94

　　　▶予算差異はどのように分析すればいいのでしょうか？

Q35　予算の分析手法／96

　　　▶予算の分析手法を教えてください。

Q36　予実管理のフォーマット／102

　　　▶予実管理には，どのようなフォーマットがいいのでしょうか？

Q37　在庫管理のポイント／106

　　　▶在庫予算はどのようなフォーマットで管理するのでしょうか？

Q38　売掛金回収の管理方法／108

　　　▶売掛金回収の管理方法について教えてください。

Q39　Excel vs. パッケージソフト／110

　　　▶予算管理を Excel で行っていますが，パッケージソフトのほうがいいのでしょうか？

Q40　予算管理システムの特徴／112

　　　▶予算管理システムのメリット・デメリットを教えてください。

Q41　RPA の活用方法／114

　　　▶最近ロボットの活用を耳にしますが，予算管理でも使えるのでしょうか？

第4章 近年の新しいマネジメント手法

Q42 予算不要論とは／120

　▶予算不要論というものがありますが，どのような理論でしょうか？

Q43 予算を廃止した企業事例／124

　▶実際に予算を廃止した企業は，どうやって管理しているのでしょうか？

Q44 日本における予算不要論／126

　▶結局，予算不要論は日本で広まったのでしょうか？

Q45 バランス・スコアカードの概要／128

　▶バランス・スコアカードを簡単に教えてください。

Q46 予算とバランス・スコアカードの関係性／134

　▶バランス・スコアカードは予算とは別の手法なのでしょうか？　あるいは連動しているのでしょうか？

Q47 ローリングフォーキャストとは／136

　▶ローリングフォーキャストが注目されているようですが，どのような手法なのでしょうか？

Q48 ローリングフォーキャストの問題点／138

　▶ローリングフォーキャストにも問題点があるのでしょうか？

Q49 活動基準予算管理（ABB）の概要／140

　▶活動基準予算管理（ABB）について教えてください。

Q50 シリコンバレー流OKRとは／144

　▶OKRという手法が出てきています。どのような手法でしょうか？

第5章　注目のKPIマネジメント

Q51　KPIマネジメントの必要性／148

▶KPIマネジメントが注目されていますが，具体的に何がそれ
ほどよいのでしょうか？

Q52　予算とKPIマネジメントの関係性／152

▶予算管理とKPIマネジメントはどういう関係なのでしょう
か？

Q53　バランス・スコアカードとの違い／154

▶バランス・スコアカードもKPIを活用しますが，同じような手
法なのでしょうか？

Q54　KPIの作り方・選び方／156

▶何をKPIとすればいいのかが難しいのですが，どのように
KPIを設定すればいいのでしょうか？

Q55　KPIとKGIの違いと相対性／160

▶KPIとKGIの違いがよくわからないのですが，明確な定義は
あるのでしょうか？

Q56　KPIマネジメント成功のコツ／162

▶KPIマネジメントで成果をあげるコツを教えてください。

Q57　KPIマネジメントの伝説的事例／166

▶KPIマネジメントは新しい手法なのでしょうか？

索　　引／171

第 **1** 章

予算管理の基本

Q 1　予算管理の必要性

Q 2　予算を作らない会社

Q 3　ノルマと目標の違い

Q 4　過度な予算至上主義

Q 5　買物の予算との違い

Q 6　予算とKPIの関係性

Q 7　戦略性のない予算とは

Q 8　不公平な予算配分

Q 9　環境変化に弱い予算管理

Q10　予算が達成できない原因

Q11　事業計画と予算の違い

Q12　戦略と予算の関係性

Q13　予算の5つの機能

Q14　基本的な予算体系

Q15　予算管理の全体プロセス

Q16　予算管理における経理の役割

Q1 予算管理の必要性

予算は面倒な作業ですが本当に必要なのでしょうか？

A 予算が面倒な作業だという声はよく聞かれます。次年度の予算策定には，一般的に3カ月も4カ月も前から作業が始まります。次年度予算の基本方針を作成するために，今期の業績予想や来期の事業環境分析など，さまざまな情報を収集，整理，分析しなければなりません。各担当や各部門から今期の着地見込みなどの情報を集めるだけでも膨大な作業が発生します。現場からすれば，年度末の追い込みで一番忙しい時期に来年度の話をされると，「そこまで予算は必要なのか」，「今はそれどころではない」と言いたくなるのも仕方のないことでしょう。

予算管理とは，予算期間における各業務分野の利益計画を貨幣的に示したもので，企業の経営目標達成に向けた総合的な**利益管理手法**です。つまり企業の利益目標に対して，各部門に達成すべき売上や費用の計画値を割り振った利益計画です。ただし企業の経営目標は必ずしも利益だけではなく，ROEやキャッシュ・フローなどもあるため，正確には財務諸表の貸借対照表，損益計算書，キャッシュ・フロー計算書の計画ですが，企業の主要な目標はあくまで利益であるため，予算は基本的に利益計画と理解すればいいでしょう。では予算はなぜ必要なのでしょうか。本当に必要なのでしょうか。

予算管理の目的は，分業化された組織において，各部門が足並みをそろえて全社目標を達成するところにあります。企業は，営業，製造，管理などの役割を分担して活動しているため，各部門がバラバラに動いてしまうと企業全体として良いパフォーマンスを発揮できません。いくら製造部門が低コストで製品を生産することに成功しても，営業部門が販売できなければ，単に在庫が積み上がるだけです。その逆に，営業部門が大きな契約を取ってきても，製造部門

が生産することができなければ売上にはなりません。同じように購買部門，研究開発部門，マーケティング部門なども，足並みをそろえて活動しなければ企業全体の目標達成はできないでしょう。

　図表1-1は予算目標の整合性を示した図です。全社目標の売上高と利益を達成するためには，営業部門や製造部門など横軸で目標を整合する必要があります。また営業部門の売上高を達成するためには，下部組織との縦軸で目標を整合する必要があります。

　このように予算は複雑化する企業体において，組織全体が整合性をもって活動するための**マネジメントツール**であるため，面倒であっても必要不可欠な管理手法と言えます。ただし面倒である必要まではないので，どのように効果的，効率的に予算管理を行うかは本書で後述します。

［図表1-1］　予算目標の整合性

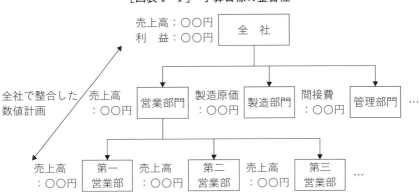

Q2 予算を作らない会社

予算を作っていない会社もありますか？

A 　予算を作っていない会社は世の中にたくさんあります。特に中小企業やスタートアップ企業の多くは，予算らしい予算を作っていないのが実情です。筆者も数多くの中小企業を支援していますが，いわゆる利益計画なる予算を作っている企業はわずかです。もっとも中小企業でも売上目標や利益目標くらいは立てています。ただし売上や利益の目標だけでは予算とは言えません。それらの目標を達成するための**財務諸表ベースの計画**が予算です。

　小さな会社で予算を作らなくても困らない理由は，社長が目で管理できるからです。また社員数も少なければ，社員同士がコミュニケーションをとることで業務の不整合はそれほど起きないでしょう。しかし企業規模が大きくなると社長の目は届かなくなり，また口頭で話をするくらいでは業務の整合性が保てなくなります。そこで目や口での管理ではなく，数値による管理が必要になってくるわけです。ただし中小企業に予算管理が不要と言っているわけではありません。予算の計画性や数値による管理は，中小企業でも目標達成の確率をかなり高めるはずです。

　大企業のほとんどは予算管理を行っています。ある調査では，東証1部上場企業の99％が予算管理あるいは予算的な管理システムを実施しているというデータがあります。大企業になると組織は複雑化し，業務の分業もかなり進んでいるため，予算の必要性が高まってきます。また上場企業になると業績見通しを開示する義務があり，そのためには財務諸表に基づく計画と管理が不可欠になります。

　一方，大企業でも予算を作らない会社も存在します。日本の大企業の中でも予算を作らない会社として有名なのが京セラです。京セラは東証1部上場企業

ですが，予算管理の代わりに**アメーバ経営**という独自のマネジメント手法を使っています。

アメーバ経営とは，創業者の稲盛和夫名誉会長が自らの経営哲学を実現していくために作り出した経営手法で，確固たる経営哲学と精緻な部門別採算制度を軸としたものです。会社の組織をアメーバと呼ばれる小集団に分け，社内から選んだリーダーにその経営を任せることで，経営者意識を持つリーダー（共同経営者）を多数育成し，成功を成し遂げてきました。

予算管理が企業全体の整合性を重視するものであるのに対して，アメーバ経営は縦横の調整よりも，個々の部門が独立採算で自由に活動するという点で従来の予算とは一線を画しています。予算を作らないスタートアップ企業の集団といったイメージでしょう。

予算を作らないというコンセプトに**予算不要論**があります。この理論では，予算の持つさまざまな課題に対処するため，予算管理を廃止して，他の管理手法へ代替することを提唱しています。詳細は第4章で説明しますが，理論の指摘や提言は非常に示唆に富んだ内容です。

[図表2-1] アメーバ経営

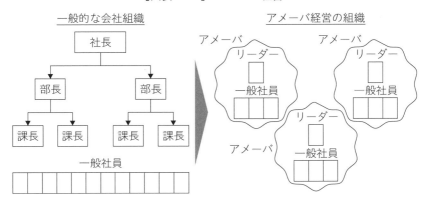

Q3　ノルマと目標の違い

予算は結局ノルマのことだと思いますが，違いますか？

A ノルマというとネガティブな響きがあり，目標とは違った義務感が漂います。**営業ノルマ**という言葉があるとおり，営業職の方で，営業をつらい義務と捉えている人にとって，予算とはノルマと同義語に感じる人も多いのではないでしょうか。

そもそもノルマとは，ロシア語で「労働者が一定時間内に遂行すべきものとして割り当てられる労働量」のことです。ソ連時代の制度で賃金算定の基礎となっていました。これが転じて，企業では一般的に勤務や労働の最低基準量を意味し，たとえば営業現場では「今月は1人100件の契約をとること」といった使われ方をします。

ノルマは**目標**とも言い換えられます。たとえば「100件の契約をとる」ということを「営業目標」と言い換えてもいいでしょう。しかしノルマと目標は少しニュアンスが異なります。ノルマには義務感の意味が含まれているため，ネガティブな印象があります。またノルマには**割当て**という意味も含まれていることから，マイナスのイメージを持ちます。

義務や割当ては上から降ってくるものであり，自分で選んだものに使う表現ではありません。一方，目標は自分で立てるイメージがあります。実際には上司から降ってくる目標もあるかもしれませんが，少なくともノルマよりはポジティブなイメージがあります。

さて，予算は結局ノルマなのでしょうか。予算は全社目標を達成するために，各部門が果たすべき役割と責任を数値で示し，割り当てるという側面があるため，ノルマと同じ意味合いがあります。予算は達成しても達成しなくてもどちらでも構わない単なる目安や参考情報ではありません。達成する責任と義務が

あります。実際に予算は人事評価にリンクしている企業がほとんどで，予算を達成した人はボーナスなどで報奨され，達成できなかった人は少なくとも金銭的に懲罰を受けます。

　しかし必ずしも予算は上から降ってくるわけではありません。予算の決定方法は企業によってさまざまですが，一般的にトップマネジメントが期待する水準と，各部門や担当が積み上げる数字を調整し，最終的に折り合いをつける方法がとられます。したがって上から降ってくるノルマとは異なり，自分たちの努力目標も加味した形で予算は形成されるため，**予算は目標**との捉え方ができるはずです。

　予算をノルマと捉えるか，目標と捉えるかには議論がありますが，いずれにしても予算を作るであれば，「予算作りは目標作り」とポジティブに捉え，予算が下りてくるのを待つのではなく，予算作りに積極的に関与するほうがプラスになるのではないでしょうか。

[図表3-1]　ノルマと目標の違い

1.「目標」は，「頑張って達成したい」という意欲を掻き立てるエネルギー源。
　「ノルマ」は，「何とかクリアしないとやばい」という脅迫観念にかられる。

2.「目標」は，自ら「設定」するもの。
　「ノルマ」は，人から「割り当てられる」もの。

3.「目標」は，「成長」するために必要。
　「ノルマ」は，「賃金」をもらうために必要。

さあ，自分にノルマを課そう。それを目標と呼ぼう。

Q4 過度な予算至上主義

ノルマを重視するとパワハラや不正を引き起こすのではないでしょうか？

A 予算はノルマと同一ではありませんが，ノルマと似た側面もあることは説明しました。予算はあくまで目標ですが，その目標の達成が厳しい人にとってはプレッシャーになりえます。たとえば「目標を達成できなければ昇格できないのではないか」，「周りに迷惑をかけてしまう」，「ひょっとするとクビになるかもしれない」などと不安や圧迫を感じる人もいるでしょう。特に営業現場では目標達成に相当のプレッシャーがあるのではないでしょうか。

　予算は不正を引き起こすのでしょうか。予算が不正の一因になっているのではないかという指摘は以前からあります。実際に事件へ発展したケースも多々ありました。これは**粉飾決算**という形で事件化します。粉飾決算とは，企業の財務状況を実際よりもよく見せることで，売上や利益を水増しして好業績に見せかけることです。これは会社法，金融商品取引法，刑法などで処罰の対象となっています。

　粉飾決算に関して日本公認会計士協会が発表した会計不正の動向調査によると，2019年3月期に公表された上場企業の不正会計59件のうち，粉飾決算は45件でした。上場企業ではない会社や発覚していない事案を考えれば，実際の粉飾決算はこの数字の数倍にのぼるでしょう。

　しかし「予算が粉飾決算の原因である」とまでは言えません。ほとんどの企業は予算管理を実施していますが，当然ほとんどの企業は粉飾決算をしていません。ただ目標達成のプレッシャーは，不正を引き起こす要因になりうることは事実だと思われます。

　実際に営業現場では粉飾決算とまではいかないまでも，問題になりかねない行為が起きています。たとえば期末に何とか目標達成をしようと，顧客の都合

を無視して営業攻勢をかけたり，極端な値引きによって利益よりもノルマ達成を優先したりします。これは顧客との関係性や会社の利益を毀損する行為です。

　また悪質なケースに**押し込み販売**というものがあります。これは営業マンが顧客に頼み込んで期末に契約を上げ，期明けに解約するという形で行われます。ここまでやると粉飾決算とみなされかねません。これらは企業が望んでいる行動ではないはずですが，過度な**予算至上主義**が社員の行動に影響を与えていると考えられます。

　パワハラも同じ論理で予算による弊害の 1 つに数えられます。たとえば営業課長は，自分の課に売上責任を持っているため，成績の悪い部下を叱責したり，プレッシャーをかけたりすることが往々にして起こります。上司としては「指導」と思っていても，部下からすれば「パワハラ」に感じることがあるわけです。問題は「過度な予算達成意欲は行き過ぎた行動を引き起こす」ということです。予算達成に高いモチベーションを持つことは決して悪いことではありません。しかしだからと言って「不正」や「パワハラ」が正当化されることはありません。ではパワハラと指導の境界線はどこにあるのでしょうか。

　不正は完全にアウトですが，パワハラにはわかりづらいところもあるため，ここでは参考として**パワハラ防止法**を取り上げておきます。日本では2020年に初めてパワハラが法律で規定されました。同法は大企業が2020年 6 月から施行となり，中小企業は2022年 4 月から施行となります。**図表 4 - 1** は法律上のパワハラの定義です。よく理解しておきましょう。

[図表 4 - 1]　パワーハラスメントの定義

1.優越的な関係を背景とした言動
2.業務上必要かつ相当な範囲を超えたもの
3.労働者の就業環境が害されるもの（精神的・身体的苦痛を与える言動）
上記 1 〜 3 の要素をすべて満たすものをパワハラと定義

Q5　買物の予算との違い

　買物で予算というと「使えるお金」のことですが，企業の予算も同じですか？

A　世の中で予算というと一般的に「出費可能なお金の上限」を指します。買物で「ご予算はいくらですか？」と聞かれれば，お財布の中身を聞いているのであり，その人の年収を聞いているわけではありません。また政治で「国家予算」や「補正予算」といった言葉がありますが，これは使えるお金の枠のことで，決められた予算の範囲内でお金をやりくりする話をしています。

　しかし企業の予算というと，使えるお金のことだけではありません。売上も予算の一部を構成しているので，ここが少しわかりづらい点です。予算配分というと，お金をくれる話かと思いきや，売上ノルマの配分かもしれません。

　企業にとって重要なことは，年間を通じて売上をどれだけ伸ばせるか，費用をどれだけ減らせるかになります。それによって企業の利益が決まってくるので，売上と費用について綿密に計画を立てるというのが企業予算の本質です。売上がなければ利益は絶対に出ないので，企業で「予算」というと，使うほうのお金ではなく，売上目標のほうに重きが置かれがちです。また費用の予算も，使えるお金ではなく，費用の削減目標だったりします。

　予算とは一般的に**収入と支出の計画**のことを指します。政府の予算も実際は支出のことだけではなく，歳入のことも含まれています。しかし政府にとって税金は自動的に入ってくるため，議論の中心は使うほうのお金に重きが置かれがちです。買物の場合は支出のことだけを指しますが，これは買物という行為には収入が発生しないためです。

　企業の予算は収入と支出の計画ですが，それだけではありません。資産や負債，キャッシュ・フローの計画も含まれ，年間を通じて期末のできあがりの財

務状況を目標として計画します。収入と支出は**損益計算書**，資産や負債などは
貸借対照表，キャッシュ・フローは**キャッシュ・フロー計算書**という決められ
た財務諸表のフォーマットで期末の目指すべき数字を設定します。

　一言で予算と言っても，個人，政府，企業など立場によって主に指している
対象が異なってくるわけです。

[図表 5 - 1]　それぞれの予算

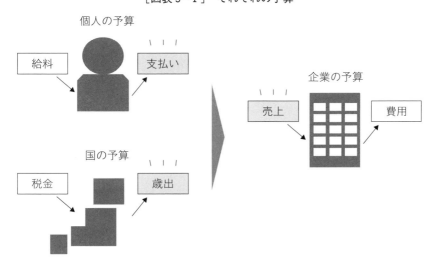

Q6 予算とKPIの関係性

予算は目標と同じですか？　そうであればKPIだけあればよいのではないでしょうか？

A 多くの企業では**KPI（Key Performance Indicator）**を目標として活用しています。たとえば営業部門であれば，売上高だけではなく，訪問回数や新規顧客獲得数などのKPIを活用しており，製造部門であればコスト削減額などの財務のKPIもあれば，在庫回転率や欠品率などの非財務のKPIもあります。

「KPIだけあればいいのではないか」というこの質問の意図は，予算のように膨大な労力と時間を要する方法よりも，KPIを活用したほうが効率的ではないかという疑問にあると思われます。しかし多くの企業が予算とKPIを併用している理由は，それぞれに別の役割があるためです。

企業にとって会社の成績表は財務諸表になるため，目指すべき目標は期末の財務諸表のでき上がりの姿となります。その目指すべき財務諸表を計画するために，予算管理という手法が用いられます。KPIだけでは財務諸表の計画はできません。

一方，**組織マネジメント**の観点ではKPIが非常に効果的なツールとなります。予算は財務数値で表現される計画ですが，実際の業務は金額だけでは表現できないさまざまな活動が必要です。たとえば営業部門で売上高というのは予算にある項目ですが，その売上高を達成するために営業マンに求められる活動は，訪問や提案など多岐にわたります。そのため組織マネジメントとしては，売上高という財務目標だけではなく，「訪問回数1日10回」，「提案件数1日2件」といったように，具体的な活動を促すKPIがよく用いられます。同じように他の部門でも，予算だけでは表現できない組織マネジメント上のKPIが活用されています。つまりKPIは**予算を補完するツール**という位置づけになります。

　たとえば**図表6-1**では予算の目標は売上高ですが，A事業の目標が売上高だけだと営業マンにとって活動イメージが湧きません。そこでA事業が売上を達成するための活動として，図表のように3つの基本戦略を掲げ，それぞれにKPIを設定します。このほうが売上高だけを目標とするよりも営業マンの行動を促進することにつながるでしょう。つまり予算の財務目標をKPIが補完している関係です。なおKPIについては第5章で詳しく解説します。

[図表6-1]　予算とKPIの関係性

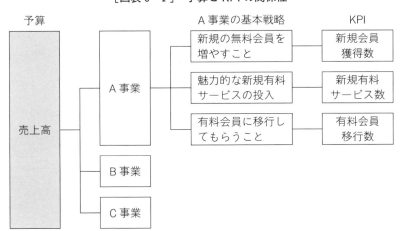

Q7 戦略性のない予算とは

社長の一言で「前年比20％増」というように，一律の予算が下りてきます。これでいいのでしょうか？

A トップダウンが強い会社でよくある目標設定のパターンです。中小企業で多く見られますが，大企業でも社長が創業者であったり，創業家一族の社長であったりする場合によくあるようです。ここでは中小企業と大企業に分けて，いくつかポイントを説明します。

① 中小企業のケース

中小企業の社長がトップダウンで目標を決めることには，一定の合理性があります。中小企業の多くは単一の事業を営んでおり，社長もその事業や事業環境をよく理解しているため，次年度の見込みは社長が一番わかっているはずです。その事業を一番わかっている社長が目標を決めるのであれば，社員も信頼してついていくのではないでしょうか。

ただし中小企業だからといって，社長が事業を熟知しているとも限らず，また事業を熟知しているからといって合理的な目標を設定するかどうかもわかりません。めちゃくちゃな目標を設定する社長も中にはいるかもしれません。中小企業といっても状況はさまざまでしょうし，社長の能力や性格もさまざまでしょう。

重要なことは**社員の納得感**です。納得感があれば社員は受け入れ，その目標達成に向けて日々努力を惜しまないでしょう。しかし納得感がなければモチベーションになりません。

予算の作成プロセスでは，トップマネジメントと社員が何度も話し合いをし，両者が納得するまで議論を尽くすことが重要となります。これは会社全体として予算の納得感を醸成する大切なプロセスです。最終的に全員が合意した予算

であってはじめて**コミットメント**が生まれます。「自分も議論に参加し，最終的に合意した目標であるから，自分も達成する責任がある」というコミットメントです。

② 大企業のケース

　大企業の社長が一律に目標を決めることには問題がありそうです。大企業といっても単一事業しかなく，社長が事業を熟知しているのであれば中小企業と同じ論理でよいかもしれません。しかし大企業の多くは複数の事業を持っており，必ずしも社長がすべての事業を熟知しているわけではないため，社長の鶴の一声で決まった目標には納得感がなかなか得られないでしょう。

　また**戦略性の問題**もあります。企業に複数の事業がある場合，それぞれの事業環境やライフステージは異なるはずで，新規事業と既存事業，成長事業と衰退事業など，異なる事業にどう経営資源を配分するかという事業ポートフォリオ戦略が重要となるはずです。戦略的に資源を配分すると，予算も事業によって大きく変わってくるはずです。逆に言うと，一律の予算というのは戦略性のない予算である可能性が高そうです。

[図表 7 - 1]　戦略的な予算配分

基本戦略		予算方針		
A事業	利益刈取り	売上：＋0%	利益：＋10%	投資：−20%
B事業	積極投資	売上：＋30%	利益：＋0%	投資：＋40%
C事業 F事業	継続投資	売上：＋20%	利益：＋10%	投資：＋10%
D事業 E事業	ゼロ投資	売上：−30%	利益：−20%	投資：−20%

16

Q8　不公平な予算配分

予算配分に不公平を感じますが，そもそも公平な予算配分などあるのでしょうか？

A　予算の達成度は一般的に人事評価に反映されるため，**目標設定の公平性**は重要なテーマとなってきます。低い目標を設定すれば達成は簡単になるため，できるだけ達成しやすい低い目標を勝ち取ろうと社内交渉に走る人たちが出てきます。このように目標設定に向けて**社内ゲーム**が横行してしまうことは，予算の大きな課題の１つです。

本来であればライバル企業との競争や，市場からの信頼を勝ち取る競争に力を注いでほしいところですが，社内交渉に明け暮れるといった内向きの行動を引き起こしてしまう副作用が予算にはあるわけです。内向きの行動は，企業にとって付加価値を生まない無駄な作業であるだけでなく，組織に予算の不公平感を蔓延させることにもなります。つまり仕事を頑張って予算を達成したのではなく，社内で低い目標を交渉したから達成したのではないかという疑念が湧くわけです。

では公平な予算配分は可能なのでしょうか。できるだけ公平を保ち，不公平感を排除するためのポイントを２つあげておきます。

①　目標設定プロセスの可視化

まず目標設定プロセスをできるだけ**可視化**することです。個別の交渉や密室で議論して決めるのではなく，オープンな会議の場で関係者が納得するまで議論を尽くし，関係者の出席している場で決定をしていきます。「議論はオープンだが，決定は後日連絡」というのではダメです。

② 客観的な目標値の算出

　目標値の**客観性**も重要です。そのためには何らかの数字をベースに，一定のロジックで目標値を算出します。たとえば前年度実績，部門人数，マーケットトレンドなどのデータに基づき，客観的な次年度の見込み値を計算し，そこに一定のストレッチを乗せて目標の初期値とします。この計算式はどの部門も同一にすることで，かなり公平性を持った数字になります。ここを議論の出発点として，後は定性的な観点を議論します。もし周りが納得する説明ができなければ数字の修正は行いません。

　不公平感の原因は目標設定プロセスの「透明性」と「客観性」の欠如にあります。そもそも予算を人事評価とリンクしていること自体が間違いだと指摘する人もいますが，目標達成に頑張った人と頑張らなかった人で評価に違いがないというのも，悪平等という不公平感を生み出すということも気をつけなければなりません。

[図表8-1]　数字ベースの目標設定（例）

計算式による目標値		定性的考慮点	本年度目標
昨年度の平均売上高（全社）	本年度の売上高目標（A部門）	・製品ライフサイクルがダウン傾向（-10%） ・○○業界の投資抑制（-3千万円） ・顧客A，顧客B獲得による受注増（+1.7億円）	9.3億円
課長　2億円	1名×2億円＝2億円		
主任　1億円	3名×1億円＝3億円		
一般　3千万円	10名×3千万円＝3億円		
	合計：8億円×1.1=8.8億円 ※ストレッチ10%		

Q9 環境変化に弱い予算管理

経営環境は刻々と変化するので，予算にしばられると逆効果ではないでしょうか？

A もともと予算管理は1920年代に米国のデュポンや GM などの大手メーカーがコストとキャッシュ・フローを管理するための手法として始まりました。それから約100年が経ちましたが，予算管理の基本的な手法はほとんど変わっていません。この間，経営環境は大きく変わり，年単位をベースとする予算管理は，現在のような環境変化に対応できないという課題が指摘されています。

予算は経営陣が年度末までに達成を約束したゴールであり，上場企業であれば投資家に対するコミットメントでもあるため，期中に約束をコロコロ変えるわけにはいきません。しかし経営環境は刻々と変化するため，当初の計画を大幅に見直さなければならないケースも発生します。予算にしばられて必要な軌道修正ができなくなるというのが予算管理の課題の1つです。

また予算編成に時間がかかる点も環境変化に遅れをとる原因となっています。一般的に予算は年度末の3〜4カ月前から予算編成に着手し，事業環境分析や業績予測などを経て作成されますが，でき上がったころには経営環境も変化してしまい，陳腐化しているという事態が起こります。

このように予算管理には，ビジネスの柔軟性を妨げる側面があるということは理解しておくべき点です。では現代のように経営環境の変化が激しい中では，予算管理は役に立たないのでしょうか。答えはノーであり，環境変化に対応するためには，むしろますます重要と考えられます。

予算管理は目標を管理するツールであると同時に，**経営の見える化**のツールでもあります。年初の目標値を月次などで実績値と対比をさせ，どこが順調で，どこがネックになっているかを確認し，必要な対応をとるという経営の基本的

なマネジメントツールです。

　ここでは経営状況を**数値**でチェックするという点がポイントです。人間で言えば体調を体温計や血圧計でチェックすることと同じです。よく「測定できないものは管理できない」と言いますが，経営状況を測定する仕組みが予算管理です。これを何となく感覚や雰囲気だけで物事を判断しようとすると，事実とは異なる認識に基づいた誤った判断をしてしまうだけでなく，気づくべき重要な変化を見過ごすことになりかねません。

　これまでのように経営環境の変化が現在のように激しくない時代であれば，多少変化を見過ごしても，多少誤った認識をしても，それほど経営にダメージはなかったかもしれません。しかし現代の環境下では，タイムリーに変化を感知できなければ致命傷になりかねません。それだけ予算管理の重要性が増したと言えます。

　予算にはビジネスを硬直化させる課題があることを認識した上で，当初予算について過度に固執せず，柔軟に予算を活用することが重要です。なお柔軟に予算を運用する手法として**ローリングフォーキャスト**があります。詳細は第 4 章で解説しています。

Q10 予算が達成できない原因

　いつも予算が達成しません。予算を作る意味はあるのでしょうか？

A　いつも予算が達成しないという話は現場の不満として時々耳にします。現場の思いとしては，予算目標が高すぎて非現実だという不満と思われます。毎年のように予算が達成しないため，社員も最初からできないとあきらめてすらいるようです。このように達成できないことがわかっている予算であれば，その予算を作る意味はないでしょう。ある程度達成見込みがあり，頑張れば達成可能な予算でなければ，そもそも計画とは言えません。

　予算が達成できない原因は，必ずしも予算管理にあるとは限りません。社員の能力の問題，組織の問題，リーダーシップの問題など，さまざまな要因が考えられます。しかし予算の問題だけにフォーカスすると，**図表10-1**のように，大きく3つの原因が考えられます。

[図表10-1]　予算が達成できない原因

原因は…

予算の未達が常態化している

① 目標設定の問題　そもそも目標が高すぎるのでは…？

② 事業計画の問題　事業計画がいまいちなのでは…？

③ 予実管理の問題　予実管理をちゃんとやっているのか…？

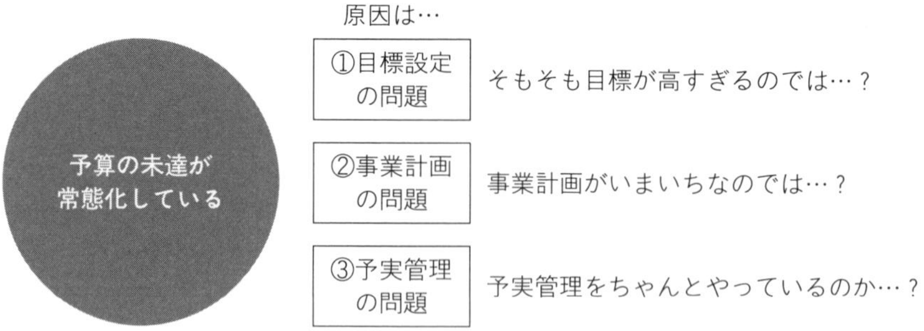

① 目標設定の問題

目標設定の問題とは，予算の目標が現実的ではなく，最初から達成不可能な

目標になっているケースです。実際に筆者のクライアントでも，ワンマン社長の鶴の一声で非現実的な目標を設定しているケースがありました。社長も達成できるとは思っていないようですが，高い目標を掲げることによって社員に発破をかけているつもりでした。

　一般的に達成不可能な目標に対して，社員は達成意欲を持ちません。逆に簡単に達成できる目標では，社員もそれほど熱意をもって挑戦しないでしょう。頑張れば達成できるかもしれないという「現実的な目標水準を少しだけ上回る目標」がよいとされています。

②　事業計画の問題

　事業計画の問題とは，予算の目標を達成するための計画がない，あるいは計画の内容が不十分なケースです。予算はあくまで目標のため，目標を立てただけで自動的に達成するものではありません。目標を達成するための具体的な「計画」が重要になります。

　予算を達成するための計画のことを，ここでは**事業計画**と呼びます。実は事業計画がない企業が結構あります。予算自体はあるのですが，それを達成するための計画がないことが実際に多いのです。もちろん今までどおりの活動で予算が達成できる企業は計画がなくても問題ないでしょう。あるいは目標さえあれば，あとは個人の努力に任せてよい組織もあるのかもしれません。しかし，いつも予算を達成していないのであれば，これまでとは違う新しいプランが必要になるはずです。

　次に事業計画は存在しているものの，内容が不十分という場合もあります。適当に形だけ作ったような事業計画のことで，内容が抽象的で具体性がなく，目標達成への道筋が全く見えないような計画のことです。たとえば「顧客基盤の強化」，「営業効率の向上」などといったスローガンの羅列レベルで終わっているのです。「顧客基盤の強化」というテーマ自体は別に悪いわけではありません。しかし事業計画としては抽象的すぎて，社員の具体的な行動に反映できるレベルではありません。

　図表10-2は，予算と事業計画の関係性を表したものです。予算はあくまで目標であるため，その目標を達成するための計画が事業計画という位置づけです。問題は事業計画の**粒度**です。図表で基本戦略に「顧客基盤の強化」とありますが，これは事業計画の一部にすぎません。

　現状と目標のギャップを埋めるのが戦略です。その戦略として「顧客基盤の強化」を掲げ，2億円の積み増しを狙うところまではいいのですが，そこで終わってはいけません。図表のように基本戦略に対して具体的な施策を立案し，それぞれの施策に目標を設定する必要があります。ここまでブレークダウンして初めて，計画を具体的な行動に移すことができるわけです。

　事業計画は作っていても，スローガンレベルで終わっているとしたならば，それは事業計画が存在しないことと同じになってしまいます。これは事業計画の質の問題です。

[図表10-2]　予算と事業計画の関係性

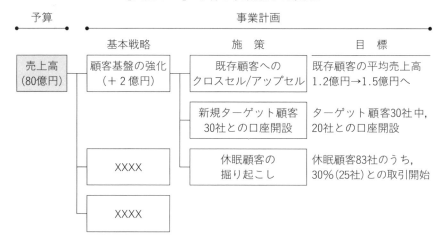

③　予実管理の問題

　予実管理とは，予算と実績の乖離を定期的にチェックし，必要な対応をとる管理方法です。一般的には月次の経営会議などで予実管理を行います。

　予算が達成できない原因の1つに，事業計画に基づいた予実管理ができていないケースがあります。たとえば予実管理で未達があった場合「どうして未達なんだ，もっと頑張れ」といった短絡的な議論に終わり，期初の事業計画に基づいた議論をしていないパターンです。

　予実に乖離があった場合，当初の計画に問題があった可能性が疑われます。計画とはあくまで立案当初の仮説にすぎないため，実際にはうまくいかないことがあります。したがって予実管理の中で，当初計画のどこが間違っていたのかを検証し，軌道修正しなければなりません。軌道修正を繰り返すことによって，間違いだらけの当初計画も時間とともによいものに仕上がってくるのです。

　もちろん計画に問題がない場合もあります。単に実行がうまくできなかった場合もあるでしょう。そのときは，実行のやり方を改善すればよいだけですが，重要なことは「必ず計画に立ち戻って検証をする」ということです。

　さきほどの「どうして未達なんだ，もっと頑張れ」という言葉は，実行だけが悪いと決めつけていて，計画に問題があったかどうかの検証が抜け落ちています。これでは，いつまでたっても計画の質は上がってきません。

　事業計画に基づいた予実管理では，「計画の進捗状況はどうなっているか」，「活動は計画通りに実行したのか」，「計画のどの部分が想定と違ったのか」といった会話になります。このように事業計画を中心に管理を行うと，事業計画も徐々に良いものに磨き上げられ，目標達成の確率がぐっと高まるのです。

[図表10-3]　仮説検証ベースの予実管理

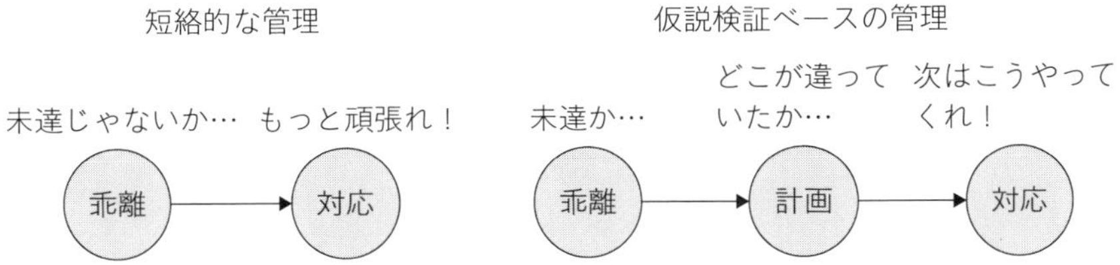

短絡的な管理

未達じゃないか…　もっと頑張れ！

乖離　→　対応

仮説検証ベースの管理

未達か…　　どこが違って　次はこうやって
　　　　　　いたか…　　　くれ！

乖離　→　計画　→　対応

Q11 事業計画と予算の違い

予算は計画とのことですが，計画ならば中期経営計画や事業計画もあります。どう違うのでしょうか？

A 　予算は1年の財務的計画ですが，なぜ1年かというと会計期間が原則1年だからです。一方，企業は1年というスパンで経営しているわけではなく，数年あるいは数十年というスパンで企業経営を考えています。したがって予算は，より長期的な方針や計画に基づいて作成されるもので，決して単独で存在しているわけではありません。

　企業経営にはさまざまな方針や計画が存在しますが，その中で予算の位置づけを整理すると**図表11-1**のようになります。中期経営計画や事業計画との違いは，ここからわかります。

[図表11-1] 予算の位置づけ

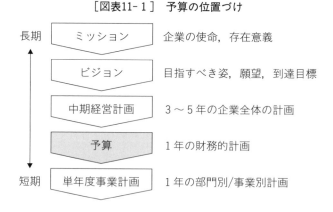

長期　ミッション　　企業の使命，存在意義

　　　ビジョン　　　目指すべき姿，願望，到達目標

　　　中期経営計画　3～5年の企業全体の計画

　　　予算　　　　　1年の財務的計画

短期　単年度事業計画　1年の部門別/事業別計画

① ミッション

　ミッションとは，**企業の使命**や**存在意義**を言葉で表現したもので，日本企業

では経営理念，社是・社訓という言い方もします。

②　ビジョン

　ビジョンとは，**企業の目指すべき姿，願望，到達目標**のことであり，たとえば「業界 No.1 を目指す」といったような，具体的に「なりたい姿」を表現します。ビジョンは数年先の目標であるため，目標が達成できれば新たに高い目標を設定すべき時限的なものです。一方，ミッションは，企業の存在意義という上位概念であるため，数年単位で見直す性質のものではありません。

③　中期経営計画

　中期経営計画は，企業のミッションやビジョンに基づいて作成する**企業全体の中期的な計画**を指します。一般的に 3 ～ 5 年の経営計画を指し，売上や利益，ROE などの企業全体の経営目標と，それを実現するための基本戦略から成り立ちます。この中期経営計画こそ，予算が基づくべき直接の前提であり，インプットとなります。

④　予　　算

　予算は，中期経営計画に基づいた**単年度の財務的計画**という位置づけになります。中期経営計画は決算発表会の説明資料として公表されることも多く，社外に対しても使われる性質の計画ですが，予算はあくまで社内用です。

⑤　単年度事業計画

　単年度事業計画は，予算の目標を達成するための**実行計画**です。予算で単に財務目標を設定しただけでは，具体的に誰が何をすればよいか明確ではないため，予算の実行主体である各部門が活動計画を策定します。このように予算は，中期経営計画や事業計画と位置づけが異なるわけです。

Q12 戦略と予算の関係性

戦略と予算がリンクしていないのですが，本来どうすればいい
のでしょうか?

A 中期経営計画などで掲げている戦略と予算の関係がわからないとい
う話は現場でよく聞かれます。これは，戦略は戦略，予算は予算とい
うふうに，バラバラになっていることが考えられます。

中期経営計画には通常，基本戦略とともに，売上高や利益などの財務目標が
含まれます。この財務目標と予算は一致していたとしても，どの戦略がいくら
の売上高を目標としているのかという**戦略と予算の関係性**が不明瞭なケースが
少なくありません（**図表12-1**）。

戦略と予算の関係が不明瞭な場合，予実管理において差異は確認できたとし
ても，その差異が「どの戦略の問題で発生したのか」を特定できないため，戦
略の軌道修正ができなくなります。予算管理において差異を確認する目的は，
戦略や施策の **PDCA サイクルを回す**ためですが，その PDCA サイクルが回せ

［図表12-1］　戦略と予算の関係性

【中期経営計画】

ビジョン
　2025年に世界トップ 3 のシェアを実現

基本戦略
　①アジア・欧州のグローバル拠点強化
　②イノベーション分野へ資源傾斜配分
　③競合ベンチマークによる商品差別化
　④グローバルサプライチェーン最適化
　⑤固定費削減による財務基盤の強化

関係が
不明…

【予算】

全社予算
　売上高　：8,200億円
　営業利益：　790億円

部門予算
　A 事業：売上高　3,800億円
　　　　　営業利益　340億円

　B 事業：売上高　2,500億円
　　　　　営業利益　290億円

　C 事業：売上高　1,900億円
　　　　　営業利益　160億円

なくなるのです。

　戦略というのは，一定の推論に基づいて「こうすれば，こういう結果が出るはずだ」という仮説にすぎないため，実際にはうまくいく場合もあれば，うまくいかない場合もあります。重要なことは，その仮説が正しかったかどうかを早めにチェックし，間違っていれば早めに修正を加えることです。

　戦略と予算が明確にリンクしていないと，チェックの段階で何らかの問題があることは把握できたとしても，見直すべき戦略（Plan）がどれかわからないため，PDCA サイクルを回すことができません。これでは何のために予算管理をしているのかわからなくなります。

　それでは本来どうすべきなのでしょうか。基本戦略は大方針にすぎないため，まず具体的な施策にブレークダウンする必要があります。図表12- 2 の例示のように，基本戦略を施策に一段落とし込みます。ある程度まで具体的になれば，中期的な数値目標を設定することが可能となり，また単年度のスケジュールに分解することも容易になります。

　このように戦略は，施策と単年度目標にブレークダウンすることによって，予算に落とし込むことが可能となり，戦略と予算のリンクも明らかになるわけです。

[図表12- 2]　戦略のブレークダウン

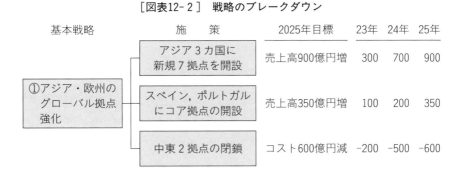

基本戦略	施　　策	2025年目標	23年	24年	25年
①アジア・欧州の グローバル拠点 強化	アジア 3 カ国に 新規 7 拠点を開設	売上高900億円増	300	700	900
	スペイン，ポルトガル にコア拠点の開設	売上高350億円増	100	200	350
	中東 2 拠点の閉鎖	コスト600億円減	-200	-500	-600

Q13	予算の5つの機能

予算にはどのような役割があるのでしょうか？

A 予算は計画ですが，単に計画の役割だけを担っているわけではなく，予算管理全体を通じてさまざまな役割を果たしています。予算が単に計画なのであれば，経理部門が作成すればいいだけかもしれません。しかし，それでは予算に基づいた組織運営はできません。ここが予算を理解するうえで重要なポイントです。

予算の果たす役割のことを一般に**予算の機能**といいます。予算の機能は，基本的に①**計画機能**，②**調整機能**，③**伝達機能**，④**動機づけ機能**，⑤**業績評価機能**の5つがあります。

① 計画機能

予算は会計期間の財務目標を具体的な財務諸表レベルへ落とし込んだ「計画」です。これが「計画機能」です。これによって各部門の役割と責任が明確になります。

② 調整機能

予算編成のプロセスは**調整のプロセス**といっても過言ではありません。予算編成には通常2〜4カ月の時間がかかりますが，この間さまざまな数字の調整が行われ，最終的に全社で整合性のとれた予算ができ上がります。これが「調整機能」です。

企業では複数の組織が異なる役割を担っており，各部門が足並みをそろえて全社目標に向かって活動しなければなりません。各部門が独立して活動するのであれば，調整など不要かもしれませんが，複数の部門が協調して活動する企

業経営においては，この調整が非常に重要な機能になります。予算とは，単に個別の計画を足し合わせたものではなく，個々の計画を調整し，全体として整合させるところに最も意味があります。

③　伝達機能

　最終的にできあがった予算は，正式な予算として全社員へ伝達されます。これが「伝達機能」です。予算はさまざまな調整を経て，経営会議にて承認されます。そして最後に**正式に伝達**することによって予算にGOサインが出るわけです。この伝達をもって各部門は予算に基づいた活動を始めるため，会社としてオフィシャルな伝達が重要となってくるわけです。

④　動機づけ機能

　予算編成プロセスでは，予算のさまざまな調整を通じて，責任者や一般社員の**動機づけ**が形成されます。これが「動機づけ機能」です。部門責任者はトップマネジメントや他部門の責任者との調整を通じて目標にコミットし，動機づけがされます。また一般社員も，計画策定の過程でディスカッションなどに加わることによって，動機づけがされます。

⑤　業績評価機能

　予算の達成度は一般的に個人の**業績評価と連動**します。これが「業績評価機能」です。予算の達成度を評価へ反映することは，予算達成へのモチベーションを促し，全社員が予算達成に向けて一丸となる効果をもたらします。もし予算達成に何の見返りもなければ，誰も関心を持たなくなるでしょう。

Q14 基本的な予算体系

予算管理の全体像がわからないので教えてください。

A 　予算の作り方や体系は企業によってさまざまで，業種や業態によっても異なりますが，基本的な予算体系は**図表14-1**のようになります。

　予算は**損益予算，資金予算，資本予算**に大別され，3つの予算を合わせたものを**総合予算**と呼びます。そして総合予算から「財務諸表の見積り」，いわゆる

[図表14-1]　予算体系

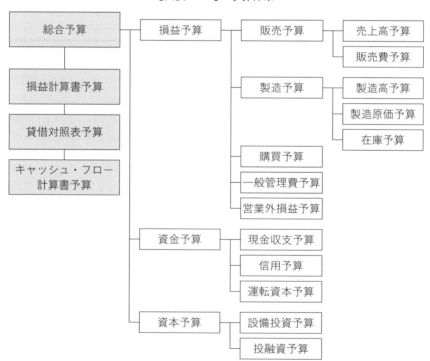

予算財務諸表を作成します。予算財務諸表とは，**損益計算書予算，貸借対照表予算，キャッシュ・フロー計算書予算**の総称です。財務諸表は企業にとって1年間の成果を示す成績表であるため，予算財務諸表は**目標とする財務諸表**という位置づけになります。

　損益予算，資金予算，資本予算は**図表14-1**のように，より詳細な予算項目で構成されます。詳細な予算については後述しますが，ここでは損益予算，資金予算，資本予算について概要を説明します。

①　損益予算

　損益予算は全社の利益計画であり，最も基本的かつ重要な予算です。利益は売上から費用を引いたものであるため，損益予算は売上と費用の計画で構成されます。特に費用についてはすべての部署が関わるため，販売や製造といった機能ごとに，より詳細な予算に分かれます。

②　資金予算

　資金予算は，必要な資金（現金）を維持するための計画です。企業の取引の多くは信用取引となっており，売り買いのタイミングと実際の現金の受け渡しは時期が異なります。そのため実際の支払いのタイミングに合わせて資金を準備しなければ，支払いが滞ることにもなりかねません。

　また会計処理は発生主義で行われるため，財務諸表の管理だけでは資金の動きが把握できません。そこで現金主義的なキャッシュの管理が必要となってくるわけです。このように資金の維持を適切に行うためには，年間を通じた資金の動きを見積もり，計画的に用意をすることが重要となります。

③　資本予算

　資本予算は，設備投資や研究開発費などの資本支出（投資）についての計画です。企業の投資は一般的に長期であり，金額も大きいことから，短期の損益予算とは分けて計画，管理する必要があります。

| Q15 | 予算管理の全体プロセス |

予算管理の全体プロセスを教えてください。

A 予算管理プロセスは，**図表15-1**のように予算編成プロセスと予算統制プロセスに大別されます。**予算編成プロセス**とは，予算を作成する前年度期末までの計画プロセスであり，予算編成方針の作成から実際の予算確定までを指します。**予算統制プロセス**とは，予算に基づいた期中の実績管理で，一般的には月次で実績を集計し，予算と実績の差異を分析し，改善策を立案および実行する一連の月次サイクルを指します。

[図表15-1] 予算管理プロセス

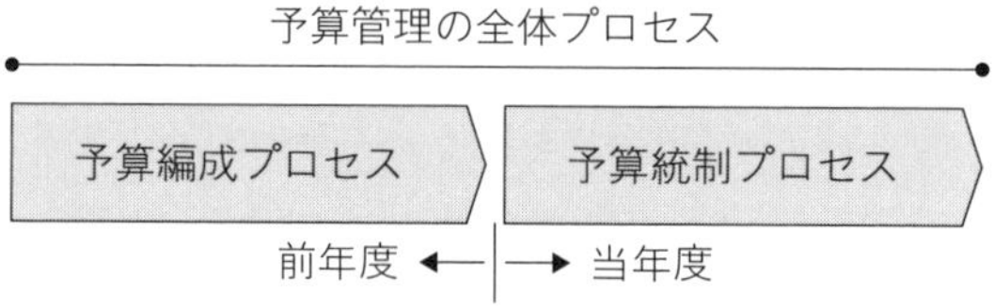

予算管理の全体プロセス

| 予算編成プロセス | 予算統制プロセス |

前年度 ←─│─→ 当年度

① 予算編成プロセス

図表15-2は一般的な予算編成プロセスです。予算編成は，上位概念の中期経営計画に基づき，まず予算編成方針を作成するところからスタートします。**予算編成方針**とは，当年度の予算を作成するにあたっての基本的な方向性を示すもので，主な構成は**図表15-3**のとおりです。各部門は，この方針に基づいて予算を作成することになります。

予算編成方針は，企業の戦略や重点施策を各部門の事業計画へ落とし込むために重要な役割を担います。中期経営計画を正確に予算へ反映するためには，この予算編成方針の中で中期経営計画の基本戦略を単年度の方向性として指し

[図表15-2]　予算編成プロセス

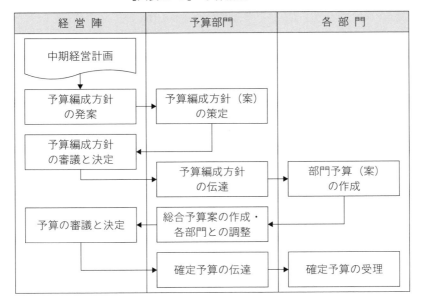

[図表15-3]　予算編成方針

1.当期実績	企業を取り巻く経営環境，セグメントの事業環境，実績見込み，課題，トピックス
2.来期の見通し	全社および各事業の来期の経営環境予想，事業見通し
3.重点施策	全社および各事業の重点施策
4.数値目標	全社および各事業の売上高，利益，KPI 等の目標
5.部門方針	各部門の予算編成方針

示す必要があります。ここで重要なことは戦略的観点で予算にメリハリをつけることです。中期経営計画では立派な文言を並べても，予算はいつもと変わらなければ何も実現しません。

　予算編成方針では単年度の重点施策，数値目標，予算編成における部門方針を指し示します。ここで各部門の数値目標もトップダウン的に指し示すのか，あるいは方向性だけにとどめてボトムアップ的に数値目標を部門から出させる

のかは企業によってさまざまです。いずれにしてもトップダウン的な期待値と
ボトムアップ的な積上値は，予算編成プロセス全体を通じて調整していくこと
になります。予算編成方針は最終的に社長を含む経営会議にて審議，決定され，
各部門に伝達されます。

　次に各部門では，予算編成方針に基づいて部門予算を作成します。部門予算
の素案ができ上がると，予算担当へ提出します。予算担当は部門予算を集計し，
総合予算を作成するための調整に入ります。経営トップの期待値と，部門の現
実的な達成可能性に乖離がある場合，両者の合意形成が得られるまで調整が続
けられます。また，ある部門が目標を下げた場合には，その分を他の部門でカ
バーするなど，部門間の調整も行います。

　この調整作業は多大な時間を要するため，時間の無駄と指摘する声もありま
すが，実際には単に調整作業をしているのではなく，どうすれば目標達成が可
能になるかという**施策を検討しているプロセス**でもあり，計画作りという意味
では大切なプロセスになります。また調整作業を通じたさまざまなコミュニ
ケーションは，関係者がコミットメントを形成するうえで重要なプロセスとな
ります。

　各種の調整が終わり，総合予算案が作成されると，経営会議にて予算案の審
議に進みます。最終的に予算が承認されると，各部門に確定予算が正式に伝達
され，一連の予算編成プロセスが終了します。

②　予算統制プロセス

　予算統制プロセスとは，予算の実行をコントロールするプロセスで，通常は
月次の経営会議にて行う予算の実績確認と対応，いわゆる**予実管理**を指します。
一般的な予算統制プロセスは**図表15-4**のようになります。

　月次で管理をしている企業の場合，予算部門は前月の実績データがそろった
段階で集計を行います。予算と実績に乖離がある部分は，担当部門に差異分析
と対応策の検討を依頼します。予算部門は経営会議の開催に向けて，実績や分
析，対応策などの情報を報告資料としてまとめます。

［図表15-4］　予算統制プロセス

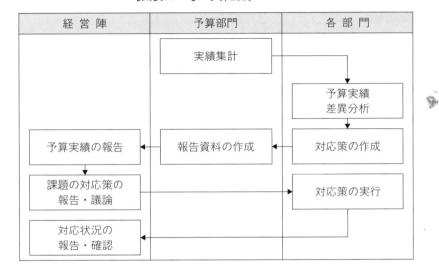

　経営会議では，予算実績の状況を把握するとともに，各部門からあげられた課題や対応策を議論し，必要に応じて対応策の修正を求めたり，追加のサポートを提供したりします。また過去の課題についても対応の進捗状況を確認したり，重要な事項については長期的なモニタリングを行ったりします。

　経営会議では報告資料をベースに議論が行われますが，予実管理を効果的に行うには，この資料の作り方が重要となります。これは資料がわかりづらかったり，量が多すぎたりすると，中身の濃い議論にならないからです。

　取扱い商品の多い大企業などでは，報告資料の量が膨大になり，細かな数字の表が何十頁にもおよぶ場合があります。報告資料で重要なことは，資料を見た瞬間に論点がはっきりとわかることです。そのためには「サマリーを作る」，「グラフを活用する」，「重要なテーマに絞り込む」，「不要な管理をやめる」などの工夫が必要です。

Q16　予算管理における経理の役割

予算管理における経理（予算部門）の役割は何でしょうか？

A　予算を担当する部署の呼び方は企業によってさまざまで，経理とは別に予算部があったり，経理部の中に予算課や予算担当がいたりしますが，ここではすべてを総称して予算部門と呼びます。

予算部門の基本的な役割は，経営陣と各部門の間をとりもつ**予算の推進役**です。このような事務局としての活動は予算を円滑に進める上で大変重要な役割ですが，それに加えて「予算の専門的な知見から経営陣や各部門の予算管理を支援する」という重要な役割もあります。つまり予算部門は単に予算の取りまとめを行うだけではなく，積極的に予算管理に関与し，能動的に情報提供や助言を行うなど，予算達成の責任の一端を担う役割が期待されています。

予算部門に求められる役割は，**図表16-1**のように主に4つあります。

[図表16-1]　予算部門に求められる役割

	予算編成	予算統制
対経営陣	①戦略的な視点を交えた予算編成方針の作成支援	③経営会議へ示唆に富んだ報告資料の提供
対各部門	②予算編成に必要な情報を正確かつタイムリーに提供	④各部門では気づきにくい洞察の提供

①　戦略的な視点を交えた予算編成方針の作成支援

予算編成方針の作成では，中期経営計画の基本戦略を予算編成方針に落とし込むことが重要となります。しかし予算部門は経理・財務の専門家のため，財務データの分析ばかりに目が行き，戦略の落とし込みが見落とされがちです。予算の出発点である予算編成方針の段階で戦略が十分に反映されないと，その

後のプロセスで戦略が欠けたまま進んでしまうため，予算部門は戦略的視点をもって予算編成方針の作成にあたらなければいけません。

②　予算編成に必要な情報を正確かつタイムリーに提供

各部門の予算編成を支援することも予算部門の役割です。指示だけ出して，でき上がるのを待っていてはいけません。各部門は予算編成にあたり，さまざまな実績データや，将来予測に必要な分析データを必要としており，予算部門の正確かつタイムリーな情報提供を期待しています。

③　経営会議へ示唆に富んだ報告資料の提供

予実管理を行う経営会議などにおいて，会議のクオリティは提供される報告資料のクオリティに大きく左右されます。経営会議で活発な議論がなされ，必要な意思決定が行われるには，予算部門が質の高い資料を提供しなければなりません。

④　各部門では気づきにくい洞察の提供

予算統制で各部門は課題と対応策を検討しますが，予算部門は数字上の乖離を示すだけでは十分ではありません。予算の専門家として各部門では気づきにくい洞察の提供が求められます。各部門でも個々の乖離は気づきますが，背後にある「共通項」や「潮目」にはなかなか気づきません。たとえば「毎年この時期になると，この数字が下がる」,「乖離のある数字は，すべて低価格商品ではないか」,「他の部署も同じような現象が起こっている」といったように，一見しても気づかない洞察を提供できれば付加価値となります。

第 2 章

予算編成のポイント

Q17　予算編成にかかる膨大な時間

Q18　予算編成の効率化

Q19　売上高予算の見積り方法

Q20　販売費予算の決め方

Q21　製造予算の策定ポイント

Q22　製造原価予算の作り方

Q23　在庫削減の必要性

Q24　在庫予算の策定方法

Q25　仕掛品在庫の削減方法

Q26　定期発注点方式と
　　　定量発注点方式

Q27　購買予算における調達費削減

Q28　本社費用の管理方法

Q29　資金予算とは

Q30　資本予算とは

Q31　総合予算と予算財務諸表

Q17 予算編成にかかる膨大な時間

予算編成に3～4カ月もかかるのですが，どの会社も同じなのでしょうか？　海外企業はもっと早いのでしょうか？

A 　予算編成に3～4カ月かかるというのは普通です。東証1部上場企業を対象とした調査では，予算編成にかかる時間で最も多かったのは「3カ月」という回答で，つづいて「2カ月」,「3カ月超」という順番でした。

図表17-1は予算管理の一般的な年間スケジュールですが,第4四半期から予算編成を本格化する企業が多いようです。また大企業は，より長い時間がかかる傾向にあります。

表向きのスケジュールは**図表17-1**のとおりですが,各部門では早めに事前の準備が始まります。材料収集のために早いところでは半年前，つまり下期のスタートと同時に次年度の予算編成が動き始めます。

早く始めることは必ずしも悪いことではありません。年度末の一番忙しい時

[図表17-1]　予算管理の年間カレンダー

		イベント	予　　算
第1四半期	4月 5月 6月	新組織体制施行 前年度決算発表 株主総会	年度予算発表
第2四半期	7月 8月 9月	新役員体制施行 四半期決算発表	]下期予算修正
第3四半期	10月 11月 12月	四半期決算発表	下期修正予算発表
第4四半期	1月 2月 3月	四半期決算発表	]次年度予算編成

に業務が集中しないように，事前にできることは極力早めに終わらせておきたいというのは組織の知恵というものでしょう。しかし問題は，予算編成に長い時間をかけているうちに経営環境が変化してしまい，予算ができ上がったころには，すでに陳腐化しているという事態が起きてしまうことです。予算編成は調整のプロセスであり，しっかりと議論を尽くすことが重要なのですが，一方で経営環境は日々変化していくので，まさにジレンマです。

　それでは海外企業はどうなのでしょうか。よく海外企業は意思決定が早いと聞きますが，予算編成も早いのでしょうか？

　図表17-2は，海外企業220社を対象とした予算編成にかかる時間の調査結果です。これを見ると，過半数の企業が2～4カ月の時間を予算編成に費していると回答しています。予算編成に時間がかかるのは，日本だけの事象ではないようです。ただし2カ月以内に予算を組めている企業も18%あることは見逃せません。これは，やりようによっては効率的な予算編成が可能であることを示唆しています。

[図表17-2]　予算編成にかかる時間

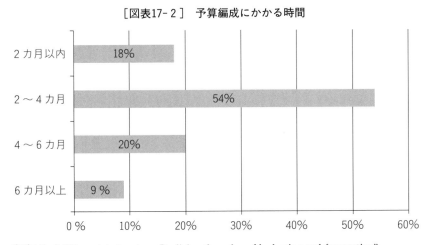

出所：PwC "Financial planning : Realizing the value of budgeting and forecasting"

Q18 予算編成の効率化

もっと効率的に予算を組めないかと思います。どのような方法
があるのでしょうか？

A 効率化というと真っ先に思いつくのは**システム化**ではないでしょう
か。多くの企業ではExcelなどの表計算ソフトを使って予算編成を
行っています。また一部の大手企業では予算の専用ソフトを活用しています。
実は予算管理の分野では，専用ソフトがあまり普及していません。その理由は，
予算編成が年に1度しかない行事であり，また社内の組織が頻繁に変わるとこ
ろにあります。

システムは繰り返し業務に強く，毎日あるいは毎月同じ作業を行う業務に効
果を発揮します。一方，システムは変化に弱く，業務に変更があった場合には
システムの改修に時間とお金がかかります。

予算管理のサイクルは年単位のため，予算編成は年に1度しか繰り返しませ
ん。また予算は組織単位で作成するため，組織変更があるとシステムの改修が
必要となります。つまり繰り返し業務ではなく，かつ業務の変更も起きるため，
システム化のメリットが取りづらい業務と言えます。

一方，最近はさまざまなアプリケーションや新しいテクノロジーが出てきて
いることから，効率化の手段として一考する価値が出てきました。このシステ
ムの話については第3章で詳しく解説します。ここでは，システム化以外の観
点で効率化のポイントを説明します。

まず**効率化の定義**ですが，業務のスピードを上げたいのか，コストを削減し
たいのかによって対応が変わってきます。**図表18-1**にあるように，パターンA
の「予算編成期間の短縮」を目的とした場合，コスト削減は必ずしも実現しま
せん。面積で見ると，現状とパターンAは同じ大きさです。

一方，パターンBは作業量を削減していますが，スピードは必ずしも速くな

[図表18-1] 効率化のパターン

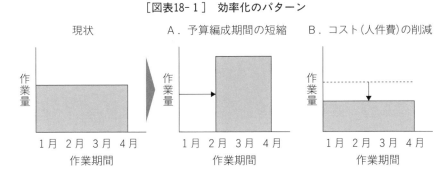

りません。図表でも作業期間は現状と同じです。このように効率化といった場合には，何が目的かを決めなければなりません。それによって効率化の手段が変わってくるからです。

　ただしスピードとコストは重なる点も多く，予算編成にかかる「作業量」を削減すれば，人件費が下がり，プロセスにかかる時間も短くすることが可能となります。つまり全体の作業量である面積を小さくすることで，パターンＡでもパターンＢでもどちらでも選択ができるようになるため，効率化の目的を「予算編成にかかる作業量の削減」に置くことが妥当と考えられます。

　予算編成の効率化ポイントは，①**大胆にメリハリをつける**，②**外部リソースを使う**，③**システム化**の３つです。システム化については後に詳しく説明するため，ここでは①と②について説明します。

①　大胆にメリハリをつける

　メリハリをつけるとは，予算編成において作業を重要な部分に絞り，それ以外は簡略化することです。事業の中には必ず重要な部分と重要でない部分があり，重要でない部分にいくら時間を使っても，あまり効果は出ません。したがって，時間の使い方にメリハリをつけることが効率化の第一歩です。

　ここでいう重要な部分とは，「金額が大きいところ」，「改善度合いが大きいところ」，「戦略的重要性の高いところ」の３つです。

　金額が大きいところとは，たとえば金額の大きい主要原材料はしっかりと時

間をかけて予算を組み，金額の小さい副資材などは一律に前年同額を使用するなど簡略的にすませるということです。

改善度合いが大きいところとは，たとえば物流費に大幅なコスト低減が見込める場合には詳細な予算を作成し，乾いたぞうきんのようにコスト低減がほとんど期待できない費用については仮に金額が大きくても簡略化するということです。

戦略的重要性の高いところとは，その会社にとって重点施策として掲げている部分を指します。たとえば業績不振の会社における社員のリストラや，社運をかけた事業などが該当します。このような戦略的重要性の高いテーマに関わる予算については，当然しっかりと時間をかけるべきでしょう。

②　外部リソースを使う

　予算編成は季節性のある業務で，年度末の3〜4カ月に業務が集中します。このような業務のピークに合わせて人員を配置するとコスト高となってしまいます。逆に限られた社員で対応しようとすると残業が増え，いずれにしてもコスト高になります。そこで業務の需給ギャップを埋める手段として，外部リソースの活用が1つの打ち手となります。この話をすると「外部リソースを使うとコストがアップするではないか」と反論する人もいるでしょう。この点も含めて解説します。

　外部リソースの活用には，**単純作業**を外部に出す方法と，**専門的作業**を外部に委託する方法の2種類があります。

　専門的作業の委託とは，事業環境分析や顧客満足度調査などを調査会社に委託したり，将来予測のデータ分析をデータアナリストに依頼したりするものです。やろうと思えば社内でもできる業務ですが，専門的な会社であれば基礎データをすでに保有していたり，また専門的なツールも具備していたりするため，社内でやるよりも早く，安くできるはずです。当然のことながら同じことを社内で行う場合のコストと比較した上での話になります。

　次に単純作業に外部リソースを活用する方法についてです。業務の中には難

しい業務と単純な業務が存在しますが，これを同じ人が行っていたらコスト高になります。たとえば予算編成業務において，データ集計や事務連絡などの単純作業もあれば，高度な分析技術を必要とする作業もあります。仮に同じ人がすべて行っているとすると効率的ではありません。

　そこで単純作業はまとめて切り出し，派遣社員やパート社員など人件費の安い人に業務移管することが改善につながります。また専門性の高い業務は，特定の社員に集中させることによって効率が上がります。あるいは外部の専門会社に業務委託します。

[図表18-2]　業務の移管と集約

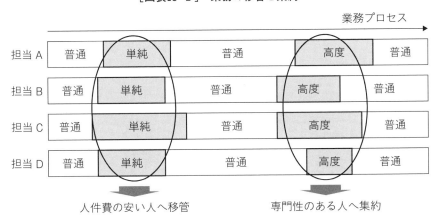

特に単純業務を切り出して外部リソースに移管するところはコスト削減効果の高い部分ですが，これを実現するには業務の再設計が必要となります。これまで社員が経験的に行ってきた業務を，前提知識を持たない外部の人でも行えるようにするためには，業務を**標準化**し，**マニュアル化**する必要があります。マクドナルドでアルバイトでもおいしいハンバーガーを作れるのは，ノウハウがマニュアル化されているからです。一見，社員でしかできないような業務でも，あえて簡略化し，定型化し，マニュアル化することでパート社員でもできるようにします。つまり業務の再設計力がキーとなるわけです。

Q19 売上高予算の見積り方法

売上目標を見積るために現場の数字を積み上げていますが，これは古いやり方ではないでしょうか？

A 売上高を見積る手法にはいくつかあり，現場の数字を積み上げて見積る方法を**積上げ法**と言います。日本では伝統的に積上げ法が主流ですが，これは決して古いやり方というわけではなく，業種業態によって適する企業と適さない企業に分かれます。もし業態が大きく変化したにもかかわらず，依然と積上げ法を採用し続けていたとすると，現状に合わなくなっているかもしれません。また積上げ法にもさまざまな問題点があります。つまり積上げ法だけが見積りの手法ではないので，その他の手法も含めて状況に合った方法を検討すべきです。ここでは売上高の見積り手法について解説します。

売上高の目標のことを予算管理では**売上高予算**と言います。売上高予算は，予算編成全体の起点となるため，最も重要な予算です。売上高の予算に基づいて製造予算や購買予算が設定され，設備投資や研究開発などの予算も決まってくるため，売上高の**予測精度**が予算全体の精度に大きく影響します。

もし達成できないような高すぎる売上高を設定してしまうと，過剰生産，過剰在庫となり，廃棄ロスなどによってコストを増加させ，資金繰りも圧迫することになります。また売上高の設定が低すぎると，欠品による機会損失が発生するだけでなく，供給不足によって取引先の不満を生み出し，他の供給先にスイッチされるリスクも出てきます。したがって売上高予算のメインテーマは「いかに精度の高い売上高を予測できるか」になってきます。

売上高の見積りは，企業の管理セグメントによって製品別，顧客別，地域別などに分類して作成します。売上高の見積り手法としては，一般的に「積上げ法」と「見積り法」があります。それぞれに特徴や課題があるため，よく理解して適用することが重要です。

①　積上げ法

　積上げ法とは，各営業担当や各営業部門が，担当領域についての売上高を予測し，それらを積み上げて合算する方法です。日本では従来から最も多く利用されている方法です。

　営業担当は顧客と直に接しているため，どの顧客にどの程度売れそうかというのは一番わかっているはずです。つまりマーケットに一番近い社員の情報をもとに売上高を予測するというのが基本的な考え方です。企業によっては必ずしも営業担当ではなく，営業チームであるかもしれないし，営業店かもしれません。売上高を予測するために，最も高い精度が出る単位で積み上げればよいわけです。

　積上げ法には**図表19-1**のようにメリットとデメリットがあります。最も大きなメリットは，マーケットに一番近い人が作成するため，見積り精度が高いという点です。また自分たちが積み上げた売上高予測のため，目標に対して責任感を持ちやすい点もポイントです。

　一方，デメリットもあります。営業サイドとしては，目標値をできるだけ低く設定して，確実にクリアしたいという動機が働きます。また営業情報は，ある意味で営業担当のブラックボックスでもあるため，営業担当が情報をコント

［図表19-1］　積上げ法のメリット・デメリット

メリット	デメリット
1. 市場に一番近い人が作成するため，個々の情報の精度が高い	1. 現場の多くの人を巻き込むため，会社全体としての時間とコストがかかる
2. 製品別，顧客別，地域別といった詳細な単位での情報が得られる	2. 市場環境などマクロ的な視点が勘案されづらい
3. 自分たちが販売予測に関与するため，目標に対して責任感を持ちやすい	3. 目標を低めに設定するモチベーションが働き，全体として保守的な数字になりやすい

ロールし，低めの数字を積み上げてくることが予想されます。そのため，積み上げられた数字を単に合算するのではなく，客観的に見ても妥当かどうかをクロスチェックすることが重要になります。マクロ的観点あるいは前年実績などの数値と比較することによって目標水準の妥当性を確認し，必要に応じて営業担当の目標を引き上げるなどの調整を行う必要があります。

② 見積り法

　見積り法とは，マクロ的な見地から全体あるいはセグメントの売上高を見積る方法です。積上げ法が営業現場の情報を拾い上げるボトムアップアプローチであるのに対して，見積り法はマクロな視点から検討する**トップダウンアプローチ**と言えます。

　見積り法には多くの種類がありますが，それぞれメリットとデメリットがあるため，いくつかの手法を組み合わせて行うことが理想です。見積り法がトップダウンアプローチと言いましたが，企業全体の売上高をざっくり見積るわけではなく，実際は事業別や商品別などいくつかのグループに分けて見積りを行います。ここでは代表的な4つの手法を紹介します。

ⓐ 上級管理者の意見による見積り

　この手法は，上級管理者のさまざまな見解，意見を取りまとめて見積りを行う方法です。前提としてあるのは，上級管理者は日常から業界や市場の動きをよく見ており，マクロ経済や会社の方針にも精通しているため，総合的な判断が最もできる人達であるというものです。具体的には，まず各上級管理者が自らの情報に基づいて売上高予測の資料を作成します。そして社長も含めた会議にて，それぞれの予測と，それに至った根拠を議論し，最終的な結論を出します。

　この方法には**図表19-2**のようなメリットとデメリットがあります。いくつかデメリットもありますが，他の手法を組み合わせることによって解決できます。たとえば，後に触れる時系列分析法や統計的手法による客観的なデータを併用

[図表19-2]　上級管理者の意見による見積りのメリット・デメリット

メリット	デメリット
1. 少人数で判断するため短時間で効率的	1. 声の大きい人の意見に引きずられやすい
2. マクロ的な経済環境，市場動向が加味される	2. 上級管理者の勘と度胸にすぎない主観的な結論になりやすい
3. 上級管理者が議論することにより，お互いの納得感を醸成できる	3. 商品別や顧客別等の詳細な予測にならない
4. データでは予測できない場合でも，上級管理者の知識や経験によって高い精度が出る	4. 単に合議で決めた場合，責任の所在があいまいになる

することや，積上げ法で出てきた数字と突き合わせるなど，複数のソースを組み合わせることで見積り精度を上げることが可能です。

(b)　デルファイ法

　デルファイ法とは，知見のある専門家の意見による見積り方法で，上級管理者の意見による見積りのデメリットを改善したものです。ここでいう専門家とは上級管理者だけでなく，日頃から販売予測を行っている経営企画部の担当者や，外部のアナリスト，コンサルタント，業界有識者なども含まれます。

　上級管理者の議論による方法では，声の大きい人や役職の高い人など，個人の意見に引きずられやすいデメリットがありました。このような個人の影響を排除するために，デルファイ法では**匿名**で各自の予測を提示する方法をとります。

[図表19-3]　デルファイ法

STEP-1	STEP-2	STEP-3	STEP-4	STEP-5
各専門家は自分の売上高予測を匿名で提出	提出された資料をもとにグループで議論	議論を踏まえて各専門家が再び予測を提出	議論と再提出を何度か繰り返す	最終的に全体の平均値を売上高予測として決定

　具体的には，各専門家や上級管理者は，自らの情報や知見をもとに売上高予測と根拠を資料にまとめ，匿名で提出します。その資料をもとにグループで議論を行い，再び各自が予測を提出します。これを繰り返し，最終的に**平均値**を売上高予測として決定します。

　この方法によるメリットとデメリットは，(a)の上級管理者の意見による見積りとだいたい同じですが，メリットとして「個人の支配的な影響を抑える」という点があげられます。しかし一方で，時間と労力が多くかかってしまうというデメリットも出てきてしまいます。

⒞　時系列分析法

　時系列分析法とは，名前のとおり，時系列データの傾向に基づいて将来を予測する手法です。この方法が使えるケースとは，売上高の推移が中長期にわたって一定のトレンドを維持している場合のみです。これは時系列分析法が過去のトレンドが今後も続くことを前提としているためです。したがって，まず過去データを用いて，時系列分析法が使えるかどうかを確認することが必要です。

　次に，時間的変化の特徴を特定します。この時間的変化には，**長期的トレンド**，**季節性**，**景気循環的変動**の３つがあります。たとえば売上高が長期的に年率20％増で安定していれば，次年度も単純に20％増と予測できます。また季節性のある事業で，たとえば夏場に売上高のピークが来るようなサイクルがある場合，そのサイクルに則した予測をすることになります。景気循環的変動とは，12カ月の季節性とは異なる間隔で繰り返される好況と不況の波動を指します。このような特性を持つ事業は，その景気循環に合わせた予測を行います。

⒟　統計的手法

　この方法は，過去のデータを統計的に分析し，将来の売上高予測を行う手法で，一般的なのは回帰分析を用いる方法です。まず売上高に対して，相関関係の高い因子を見つけます。たとえば気温とビールの販売量には相関関係があると言われています。過去の気温のデータとビールの販売量のデータがあれば，

回帰分析によって，気温と販売量の相関関係を統計的に計算できます。

　この2つの変数の相関度合いを示すものを，統計学では**相関係数**といい，−1から1の間の実数をとります。相関係数が1というのは，2つの変数が100％連動（比例）しているという意味で，逆に−1とは完全に反比例するという意味です。一般的に，相関係数の絶対値が0.2以下であればほとんど相関がないとし，0.7以上あれば高い相関があると解釈します。

　人間でも相関関係の高そうな因子は経験的に気づきます。気温とビールに相関があるというのは，ベテランの販売員であれば知っていたでしょう。しかし「どの因子が最も相関関係が高いのか」であるとか，「気温が1度上がると販売量が何リットル増えるのか」という問いまでは答えられないでしょう。統計的手法は，相関関係を数字で示すことができ，また最も確率の高い販売量を算出することができます。ここが人間の経験則とは異なる点です。

　売上高と相関関係の高い因子を見つけるには，考えられるすべての因子を対象に回帰分析を行ってみることです。たとえば年度末時点の提案件数や見積総額と次年度の売上高に関係があるか，特定の先行商品の売上高と他の商品に関係があるか，マーケットの成長率と自社の売上高に関係があるかなど，さまざまな因子の相関係数を計算してみることです。

　積上げ法と見積り法のどちらが適しているかは，業種業態によって異なります。たとえば商材が経済の影響をあまり受けず，需要が時間軸でゆるやかに推移する事業の場合には，積上げ法よりも，経年変化からマクロ的に見積るほうが高い精度が出ます。一方，取り扱う商材が多岐にわたり，売上高を決める要因を個別に見ていかなければ予測が難しい事業の場合には，積上げ法のほうが適しています。

　たとえばシステム開発の事業では，案件機会が出てから実際に受注するまでに数カ月あるいは数年かかるため，売上高予測は個々の案件の進展具合と受注確度に強く依存します。そのため営業担当の情報をもとに積算したほうが予測精度は高くなります。

Q20　販売費予算の決め方

販売費の予算はどのように決めればいいのでしょうか？

A 　販売費には広告宣伝費や交際費などがあり，基本的に売上高を増加させるために消費される費用です。販売費には次のような特徴があります。

[図表20-1]　販売費の特徴

1.販売費の消費量と売上高は必ずしも比例しない
2.売上高は販売費以外の要素からも影響を受けるため，販売費の成果を売上高で検証することはできない
3.販売費の投下と売上高の実現にはタイムラグが生じるため，予算の1年間に両者を対比することに合理性がない

　まず販売費は，その消費量を増やせば売上高が増加するとも限らず，適正な費用水準を決めることが難しいという特徴があります。また販売費の成果は売上高となって実現しますが，売上高は販売費以外のさまざまな要素からも影響を受けるため，売上高のうちどれだけが販売費の成果かを把握することが困難です。さらに販売費の投下と売上高の実現にはかなりの**タイムラグ**が生じ得るため，予算の一定期間に投下した販売費の効果を，同時期に実現した売上高と関連づけて測定することは必ずしも合理的ではありません。

　このように販売費の多くは，売上高という成果に基づいて決めることが困難であるため，売上高との関連を切り離して考えることになります。ただし，販売費の中にも配送費のように売上高と比例する費用も一部あります。この違いについては後に説明します。

　販売費予算を構成する単位は，一般的には広告宣伝費，配送費，旅費交通費

といった勘定科目を使います。また費用の**切り口**は，製品別や顧客別に分ける場合もあれば，全社一本とする場合もあります。これは企業が，どのような細かさで管理をしたいかに依存します。たとえば製品別に採算性を管理したいのであれば，製品別に販売費を予算化する必要があります。また営業部門の組織が顧客別に分かれている場合は，各組織の責任者が担当範囲を切り出して管理できるようにするため，顧客別の予算を組む必要があります。つまり組織の責任区分と合致した切り口で予算を作成しなければいけません。切り口には製品別や顧客別以外にも，チャネル別，地域別，店舗別といった分類がありますが，いずれにしても組織に合致した切り口で，費用科目単位に予算を積み上げていきます。

[図表20-2]　予算の単位と切り口

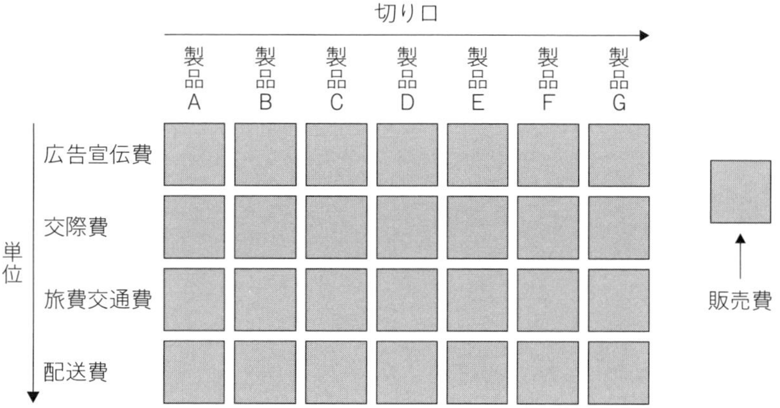

販売費は各費用科目の特性によって，予算の算出方法や管理方法が異なります。そのため，それぞれの特性ごとに分類して予算編成を行います。ここでは**①アクティビティコスト**，**②マネジドコスト**，**③コミッテッドコスト**の大きく3つに分けて，予算の編成方法と管理方法を説明します。

①　アクティビティコスト

アクティビティコストとは，売上高や販売量によって変動する費用のことで，

配送費，梱包費，印紙税などが代表的です。これらの販売費は，売上高を増やすために先行的に使う費用ではなく，販売にともなって事後的に発生する費用です。その意味で販売促進を目的とする他の販売費とは性質が異なります。

どの費用がアクティビティコストに該当するかは，売上高や販売量と比例して発生するコストかどうかを確認すればわかります。費用の算出方法は比較的容易で，売上高予算をベースに一定の割合を乗じて計算します。

②　マネジドコスト

マネジドコストとは，マネジメントの経営方針によって決定する固定費のことを指します。アクティビティコストが**変動費**であるのに対し，マネジドコストは**固定費**で，売上高や販売量に応じて変動しません。代表的な例としては，販売促進費や広告宣伝費があります。

これらの費用は，売上と連動しているわけではないため，売上高予算に基づいて費用を合理的に算出することはできません。そのためマネジドコストの予算編成は，アクティビティコストとは異なる方法を取る必要があります。

マネジドコストの予算編成方法を理解するために，ここでは広告宣伝費を例にとって説明します。広告宣伝費の予算水準を決める方法には，(a)過去の売上高に対する割合，(b)業界や製品の特性，(c)競合他社の動向，(d)自社の投入可能額の４つがあります。これらの方法を組み合わせて，最終的にはトップマネジメントの意思，方針によって決定します。

⒜　過去の売上高に対する割合

売上高と広告宣伝費に完全な相関関係はありませんが，大きく関連していることは経験的に理解されています。その１つの目安が「売上高に対する割合」です。過去に広告宣伝費を増やしたり，減らしたりした経験があれば，だいたい何％くらいが最も効率的な水準かを学んでいるはずです。このように過去の経験則からの割合を用いるのがこの方法です。

ⓑ　業界や製品の特性

業界や製品の特性によって広告宣伝費の使い方も変わってきます。たとえばコンシューマー向けの事業で新製品を投入する場合は，不特定多数に向けた広告宣伝が有効です。一方，特定少数の法人顧客を相手にしている事業であれば，広告宣伝より対面営業のほうが効果的であり，広告宣伝費の割合は小さくなるはずです。このように業界や製品の特性に合わせて予算配分をします。

ⓒ　競合他社の動向

これは競合他社の広告宣伝費を参考にする方法です。他社と必ずしも対抗する必要はないかもしれませんが，他社と同水準，あるいは他社に負けない水準を予算の算定根拠にもってくるというのは一定の説得力を持ちます。

ⓓ　自社の投入可能額

自社の資金的余裕，つまり投入可能額を広告宣伝費の上限とする方法です。資金的余裕のすべてを予算につぎ込む必要はありませんが，資金的余裕の観点から費用に一定のキャップをかぶせ，その中でやりくりするという考え方です。

③　コミッテッドコスト

コミッテッドコストとは，すでに過去に意思決定が下され，費用の発生が決定している固定費を指します。代表的な例では，減価償却費，オフィスの維持管理費，営業部門の人件費などが該当します。マネジドコストは1年単位で支出を変更できますが，コミッテッドコストは基本的に**長期的な固定費**です。

コミッテッドコストの予算編成は，基本的に毎年同額が発生する費用であるため，決まった費用を予算へ組み込むことになります。また長期的な固定費のため，基本的に**管理不能コスト**であり，予算管理においても期中の管理は不要となります。

56

Q21 製造予算の策定ポイント

製造予算の策定についてポイントを教えてください。

A 　製造予算は，売上高予算にもとづいて，生産量と原価を計画する重要な予算です。製造部門が生産する量が多すぎれば過剰在庫となり，少なすぎれば欠品となり，どちらも企業の財務に負のインパクトを与えます。

　製造予算は**図表21-1**のように，①**製造高予算**，②**製造原価予算**，③**在庫予算**に大別されます。

[図表21-1] 製造予算の構成

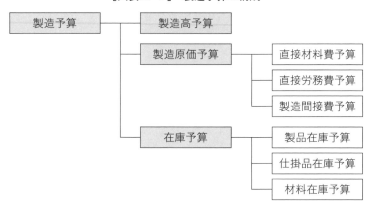

① 製造高予算

　製造高予算は，製品の生産量を決める予算を指し，年間の生産総量を決めるところから始めます。基本的には売上高予算と必要な製品在庫量から生産すべき量を算出します。年間の生産総量が決まると，生産する時期と量を決めるた

めに月別の生産計画へ展開します。

　製造部門にとって重要な役割の 1 つは，製造コストをできるだけ下げることです。製造原価を下げるには，工場をなるべくフル稼働させて，製品 1 つ当たりの製造原価を小さくすることが求められます。そのためには工場を常にフル稼働させればいいわけですが，販売のほうは生産にとって都合のいいように売れるわけではありません。そこで，きまぐれにアップダウンする販売量をパズルのように組み合わせて，可能な限りフル稼働となるよう仕立て上げることが重要で，製造高予算はその具体的な計画になります。

②　製造原価予算

　製造原価予算は，製品に対する原価の構成を設定する予算で，直接材料費予算，直接労務費予算，製造間接費予算に分類されます。

　工場をフル稼働にすることと同様に製造原価を下げるための重要なファクターは，材料費や労務費などの原価の低減です。そのため，材料をいかに安く調達し，労働をいかに効率的に行うかが重要となってきます。

③　在庫予算

　在庫予算は，適正な在庫レベルを維持するための計画であり，製品在庫予算，仕掛品在庫予算，材料在庫予算に分かれます。在庫予算を組む目的は，欠品を起こさず，かつ無駄な在庫を極力減らすことにあります。そのためには計画的な在庫管理が重要となってくるわけです。

　なお製造業でなければ製造予算は必要ありません。製造予算を立てる理由は，売上原価を計画するためです。したがって，それぞれの業種業態に合った売上原価を予算化すべきであり，たとえば販売業であれば売上原価は仕入になるため，仕入原価予算を作ることになります。

Q22 製造原価予算の作り方

売上原価の予算はどのように作るのでしょうか？

A 　売上原価の予算は，製造業であれば**製造原価予算**，販売業であれば**仕入原価予算**のことを指します。売上原価の構成は，企業の業種業態によってさまざまであり，企業の売上原価の構成に合わせて予算を作成することになります。

　ここでは少し複雑な製造原価予算について説明します。逆に製造業以外ではもっとシンプルな原価予算となるため，必要な部分を抜き出して活用すればよいでしょう。

　製造原価予算は，①**直接材料費予算**，②**直接労務費予算**，③**製造間接費予算**に分類されます。

① 直接材料費予算

　直接材料費は，**図表22-1**のように材料ごとの必要量を月別に予定し，それに単価を乗じて金額を算出します。たとえば材料aの場合，必要量が年間380t

[図表22-1] 月別必要材料数量

	○○年度						合計数量	(円/kg)単価	(千円)合計金額
	4月	5月	6月	…	2月	3月			
材料a (t)	30	40	30	…	30	40	380	14	5,320
材料b (t)	40	40	50	…	50	30	490	29	14,210
材料c (千本)	50	40	60	…	40	50	590	17	10,030
材料d (千個)	60	50	50	…	60	40	650	8	5,200

で，それに単価14円を乗じて，材料 a の年間予算が5,320千円と決まります。他の材料もすべて同様に計算すると，直接材料費全体の年間予算ができ上がります。この表を作成するためには，材料ごとの必要量を計算しなければなりません。そのためには事前に**図表22-2**のような，製品ごとの材料消費量の表を作成しておく必要があります。

[図表22-2]　製品別標準材料消費量/作業時間

		数　量
第一工程	材料 a	2.8kg
	材料 b	1.3kg
	加工 1	7.0分
第二工程	材料 c	5 本
	材料 d	3 個
	加工 2	1.5分
第三工程	検査	2.5分
	梱包	0.5分

　図表22-2は，ある製品を生産するために必要な材料と作業について，標準的な量と時間を例示したものです。この例では，生産に第一工程から第三工程があり，それぞれの工程に必要な材料と作業，そして数量が記されています。後は製造高予算の生産量を乗じれば，この製品に必要な材料数量が計算できます。

　他の製品でも同じ材料を使用する場合もあるため，すべての製品に対して必要な材料数量を計算し，それを合計して材料ごとの必要量を計算します。それらをまとめると，前頁の月別必要材料数量の表になります。

　なお材料に歩留りが生じる場合には，その歩留率も加味したうえで必要量を算出します。また材料の単価については，購買部門の情報を得て目標単価を設定します。

② 直接労務費予算

　直接労務費予算は，製品ごとに必要な作業時間に，その予定賃金と予定生産量を乗じて算出します。①の直接材料費予算では，製品ごとに必要な「材料」だけを抜き出して材料費予算を作成しましたが，この直接労務費予算は，同じ要領で製品ごとに必要な「作業」だけを抜き出して，**図表22-3**のような労務費予算を作成します。

　予定賃金については，部門の平均賃金を使う場合や，実際の工程に関わる各従業員の賃金を使う場合など，求める精度に応じて設定します。

[図表22-3]　月別必要作業時間

	○○年度						合計時間	(千円/h)単価	(千円)合計金額
	4月	5月	6月	…	2月	3月			
加工1(時間)	200	210	220	…	200	210	2,520	2.0	5,040
加工2(時間)	80	70	80	…	80	90	1,080	2.0	2,160
検査A(時間)	120	130	140	…	110	120	1,440	2.3	3,312
梱包B(時間)	80	70	75	…	80	80	960	1.8	1,728

③ 製造間接費予算

　製造間接費とは，直接材料費と直接労務費以外の間接費のことで，個々の製品に直接割り当てができず，生産量に比例しない製造活動における共用的な費用を指します。製造間接費は，**間接材料費**，**間接労務費**，**間接経費**の3つで構成されます。

ⓐ 間接材料費
　間接材料費とは，製品の製造において間接的あるいは補助的に消費される材

料で，補助材料費，工場消耗品費，消耗工具器具備品費などがあります。補助材料費には，燃料，油脂，塗料，薬品などがあり，工場消耗品費には潤滑油などがあります。また消耗工具器具備品費とは，耐用年数 1 年未満の工具や器具，備品などの消費額を指します。

(b)　間接労務費

間接労務費は，特定の製品に関わっていない作業時間によって生じた原価を指し，労務費のうち直接労務費以外はすべて該当します。たとえば機械の修繕にかかった従業員の賃金は，製品の生産に直接かかわらないため，間接労務費となります。また原材料が届かないなどの理由で生産がストップし，従業員が待機となってしまった場合の賃金も間接労務費に該当します。

(c)　間接経費

間接経費は，経費のうち製品との関係を明確に紐づけることができないものを指し，修繕費，賃借料，水道光熱費，減価償却費などがあります。

　製造間接費は原価管理のために合理的な基準によって各製品に配賦しなければなりません。各製造間接費の配賦基準は，その費用の発生にもっとも連動性の高い基準を選択することが重要で，たとえば賃借料や水道光熱費は直接作業時間，機械の減価償却費は機械の運転時間を配賦基準にするなどします。

[図表22- 4]　製造間接費予算

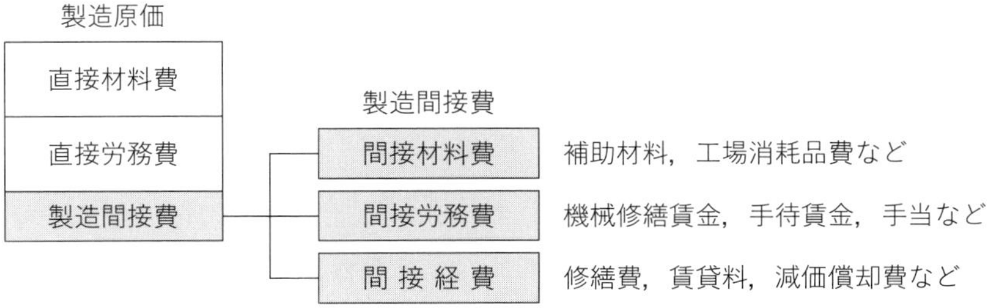

Q23 在庫削減の必要性

在庫を削減しろと言われるのですが，倉庫には余裕があり，欠品も避けたいです。在庫が増えたら何が悪いのでしょうか？

A 　企業にとって在庫削減は永遠の課題であり，予算管理でも在庫予算は重要テーマの1つです。当然のことながら在庫削減は自然には起こりません。きちっとした計算と計画，そして管理をしなければなりません。そのため予算において綿密な計画と管理が求められるわけです。では，そもそも在庫はなぜ削減しなければいけないのでしょうか？　増えたら何が問題なのでしょうか？

　在庫を多く持つことにもメリットはあります。最大のメリットは欠品の回避であり，販売機会を逃さないことです。顧客からしても，取引先にある程度の在庫がないと心配です。急に需要が増加した場合や，不具合の発生などで製品が必要になった場合，在庫切れが頻発するようでは信頼できる取引先とは認められません。

　しかし在庫は多いほうがいいというわけではなく，必要最低限にしなければなりません。それは過剰在庫には**図表23-1**のように，さまざまなデメリットがあるからです。

[図表23-1]　過剰在庫の問題点

1.安値販売，廃棄ロスによる損失
2.保管費用，管理費用の増加
3.無駄な作業の発生
4.キャッシュ・フローの減少

①　安値販売，廃棄ロスによる損失

　在庫は時間とともに品質が低下するのが一般的です。過剰となってしまった在庫は，陳腐化する前に価格を落として販売するか(安値販売)，それでも販売できなかった場合には廃棄することになります。いずれのケースでも過剰在庫は収益を圧迫する要因となります。

②　保管費用，管理費用の増加

　在庫には倉庫などの保管場所が必要となり，保管費用がかかります。保管スペースの費用だけでなく，光熱費や保険料などの経費もかかります。また在庫は管理する必要があるため，管理にかかる労務費も増加してしまいます。

③　無駄な作業の発生

　過剰在庫は，無駄な作業を発生させます。在庫が多くなると，保管スペースを整理するために在庫を移動する必要が出てきます。工場と倉庫の移動や倉庫内での移動など，在庫が少ない場合よりも運搬が多くなります。在庫の運搬自体は価値を生まない無駄な作業です。また在庫の移動に伴い，入出庫の管理や棚卸しなどの在庫管理作業も無駄に増えます。

④　キャッシュ・フローの減少

　在庫が増えるということは，その分の資金が減ることになり，自由に使えるお金，つまりキャッシュ・フローが減少することになります。現金であれば投資や運用によって利益を生み出す可能性がありますが，在庫はそれ自体で利益を生み出しません。また現金が減ると当然その企業の資金繰りを圧迫し，不足分を借り入れると金利負担がコストとして跳ね返ります。

　このように在庫はいったん抱えてしまうと，それを維持，管理，処分するために，さまざまな費用が発生します。在庫はただ置いておくだけで，気づかないうちに貴重なキャッシュを使っていることになるのです。

Q24 在庫予算の策定方法

在庫予算の策定方法を教えてください。

A 在庫予算は，適正な在庫量を維持するための予算で，**製品在庫予算，仕掛品在庫予算，材料在庫予算**に分類されます。在庫予算を組む目的は，欠品を起こさずに，かつ無駄な在庫をできるだけ減らすことにあります。

ここでは基本的な製品在庫予算の策定方法について説明します。製品在庫予算とは，製品別の在庫に関する予算で，売上高予算と製造高予算の編成の結果として作成される月別の在庫量および在庫金額を指します。

図表24-1は製品在庫予算の例です。図表の「製造数量」は在庫として入ってくる数量で，製造高予算により設定されます。図表の「販売数量」は在庫から出ていく数量で，売上高予算により数量が決まります。入りと出を差し引くと月末の在庫数量が計算され，それに単価を乗じて在庫額が決まります。

[図表24-1] 製品在庫予算

		製品 A				製品 B		
	製造数量(個)	販売数量(個)	月末在庫数量(個)	月末在庫額(千円)	製造数量(個)	販売数量(個)	月末在庫数量(個)	月末在庫額(千円)
4 月	100	120	30	240	300	100	300	750
5 月	100	90	40	320	300	100	500	1,250
6 月	100	90	50	400	300	200	600	1,500
⋮	⋮	⋮	⋮	⋮	⋮	⋮	⋮	⋮
2 月	100	110	30	240	200	100	400	1,000
3 月	100	100	30	240	200	100	500	1,250
合　計	1,200	1,220	380	3,040	3,200	2,800	5,400	13,500
平　均	100	102	32	253	267	233	450	1,125
期首在庫	50個				100個			
製品原価	8,000円				2,500円			

　製品在庫に関しては，まず**適正在庫量**を求める必要があります。適正在庫量とは，販売活動において製品の欠品が起こらない**必要最小限の在庫量**を指します。

　製造高予算の編成では，この適正在庫量を維持する生産量を逆算して決定するため，製品在庫予算の月末在庫量は，理論的には常に適正在庫量となるはずです。しかし生産効率を考えると通常はまとまったロットで生産するため，必ずしもすべての製品で適正在庫水準を維持することはできません。

　したがって適正在庫量を目指して製造高予算を編成するものの，生産効率などの観点も踏まえて製造高予算は作成されるため，実際には製品在庫予算は適正在庫量とイコールとはならず，結果としての在庫量に落ち着きます。

　いずれにしても在庫予算で最も重要なことは，適正在庫量の決定であることに変わりはありません。ここでは適正在庫量の決定方法について，いくつか紹介します。

①　経験的に決定する方法

　これは過去の経験から，どの程度の在庫量を確保すべきかを決定する方法です。たとえば過去の販売データをもとに，最も販売量の多い月の量に合わせて，欠品が起こらない水準を選択するというのが 1 つです。あるいは過去の欠品率を確認し，欠品率の高い製品については在庫量を増やし，欠品がまったく発生していない製品については在庫量を減らすという調整を行い，決定をしていきます。

　この方法は簡便的にできるため，特に厳格な在庫量の計算をしていない企業でも，試行錯誤の中で適正と思われる在庫水準に調整されていくはずです。欠品が発生する主な理由は，予想外に製品が売れるか，あるいは予想外に製造が遅れるかです。企業の取り扱っている商材の性質上，製品の需要が安定的で，かつ製品の生産も特に遅れが発生しない場合には，この方法でも問題ないと思われます。ただし個々の製品について在庫量を減らす努力をしていくためには十分とは言えず，積極的に在庫を適正化していくためには，次に説明する**生産**

リードタイムを勘案した在庫管理が必要となります。

② 生産リードタイムから算出する方法

　そもそもなぜ在庫が必要なのかというと，注文が来てから生産を開始しても納期に間に合わないからです。逆にいうと，生産を開始してから完成するまでにかかる時間の分は在庫として持っておかないと，その間に欠品を起こすことになります。

　生産リードタイムとは，生産を開始してから製品が完成するまでの時間のことであり，通常日数で表します。たとえば1日10個売れる製品があり，その製造に5日間かかる場合，必要な在庫量は10個×5日分＝50個となります。なぜならば，今から生産しても完成は5日後であるため，5日分の在庫がなければ，その間に欠品を起こすからです。

　在庫というのは今から生産しても間に合わない分を用意しておくものであるため，このように1日の販売量と生産リードタイムによって在庫量は計算できます。ただし販売量には多少のずれが生じるため，ぎりぎり50個を在庫するのではなく，余裕をもってたとえば10個は多く在庫をしておきます。この余裕分の在庫のことを**安全在庫**といいます。

　まとめると適正在庫の計算式は次のとおりです。

適正在庫＝1日の販売量×生産リードタイム＋安全在庫

　この考え方は，一度にまとまったロットを生産する伝統的な場合を想定しており，このケースでは在庫が60個に達したタイミングで次のロットの生産を開始するイメージです。ただし，毎日10個を生産し，その10個を毎日販売するのであれば，在庫量はゼロでよいことになります。これは製造と販売にばらつきがない場合に可能ですが，このようなケースは実際には多くありません。

　適正在庫の計算式を見ると，必要な在庫量は生産リードタイムに大きく影響されることがわかります。生産リードタイムを半分にすると，必要な在庫量も

半分になるからです。つまり在庫削減のためには生産リードタイムをいかに短くするかがポイントとなります。その意味で，生産リードタイムから適正在庫量を導出するこの方法は，生産リードタイムの短縮を促す方法でもあるわけです。

③　その他の簡便的な方法

　一定のルールによって在庫量を決定する方法もいくつかあります。ただしルールに使用される数字については明確な根拠はなく，あくまで過去実績や販売計画に基づいて，経験とポリシーによって簡便的に設定する方法です。
　具体的には下記のような方法があります。

[図表24-2]　簡便的な在庫量の決定方法

1.「直近の販売計画」に基づいて決める。たとえば，月初の在庫量は，直近3カ月先の販売計画に基づいて，3カ月平均の2カ月分とするなど。

2.「過去の販売実績」に基づいて決める。たとえば，月初の在庫量は，過去3カ月間の販売実績に基づいて，3カ月平均の2カ月分とするなど。

3.「最大在庫量を限度」として決める。たとえば，在庫量は3,000以下を維持するといったように，最大限度だけ示す。

4.「最大在庫量と最小在庫量」で設定する。適正在庫の1点を設定するのではなく，最大在庫量は4,000，最小在庫量は1,000といった幅で設定する。

5.「在庫回転率」に基づいて設定する。たとえば，過去の販売実績などに基づいて，在庫回転率は年8回とするなど。

　在庫量に関する手法は日々進化をしてきており，JIT（ジャスト・イン・タイム）システムのように，必要なものを必要な時に必要な量だけ生産するという考えで，在庫を基本的に持たないという考え方もあります。また最近では，サプライチェーンマネジメント系のアプリケーションソフトによって，需要予測に基づいた適正在庫を数学的に算出する方法も出てきています。

Q25 仕掛品在庫の削減方法

仕掛品在庫も減らしたほうがいいのでしょうか？

A 　仕掛品とは，製造途中の段階で**未完成の状態の製品**を指します。製造途中で月末や期末をむかえると，未完成の製品は仕掛品在庫となります。

　仕掛品も在庫の一部であるため，完成品が減って喜んでいても，一方で大量の仕掛品が残っていては意味がありません。完成品と同じように必要最低限の在庫レベルへ削減していく努力が求められます。予算編成の観点は製品在庫予算と同じで，適正在庫に基づき，製造予算全体の中で適正水準を計画的に維持，管理していきます。

　仕掛品在庫が発生する理由は，製造の途中で結果的に仕掛品の状態で在庫となる場合もありますが，製品在庫を減らすために，あえて仕掛品のまま在庫をもつこともあります。

　工程は下流になればなるほど製品に近づき，製品に近づけば近づくほど種類が多くなり，在庫の用途も限定されます。たとえば**図表25-1**では，原材料 α が仕掛品A，Bに共通で使うもので，1つの仕掛品から3種類の製品が作られるとします。通常，欠品を避けるために安全在庫を持つため，製品で在庫を持つ場合，このケースでは6種類の製品に，それぞれ安全在庫を持つことになります。しかし仕掛品で在庫を持つと2種類で済みます。

　たとえば製品A1〜A3で色が違うだけであれば，できるだけ塗装前の状態で保管するほうが全体の在庫削減につながります。気をつけるべきことは，この方法をとると仕掛品在庫が増え，一見悪化しているように見えてしまうことです。在庫予算では，製品や原材料も含めて在庫全体を俯瞰しなければいけません。

[図表25-1]　工程と在庫

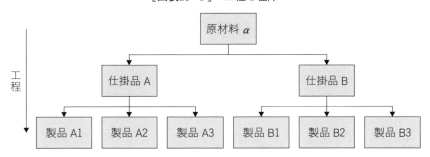

　仕掛品を**共通化**することも在庫削減につながります。**図表25-1**の例で，仕掛品 A と B を共通化することができれば，安全在庫も 1 種類でよくなるため，在庫量が減ります。これは部品も同じで，共通化によって在庫を減らすことができます。

　工程を**簡素化**することも仕掛品在庫を減らします。工程が多ければ多いほど，工程間に仕掛品在庫が溜まります。作業をシンプルにして，工程を少なくすれば，仕掛品在庫を減らすことができます。

　在庫予算は，在庫削減に向けた**努力目標**でもあるため，予算編成の段階で仕掛品在庫の持ち方や，共通化，簡素化などの改善方法を検討した上で予算に落とし込むことが重要です。

Q26 定期発注点方式と定量発注点方式

材料在庫予算のポイントを教えてください。

A 　材料在庫予算とは，製造における材料在庫の予算を指し，製品在庫予算と同様に，適正在庫を維持することが重要となります。

在庫量が多すぎると材料の陳腐化や資金の過剰負担が発生し，在庫量が少なすぎると安定的な生産ができません。また材料の発注タイミングや発注量によって仕入価格が変わってきます。したがって材料在庫予算の目的は，安定的な材料の供給，適正な在庫水準の維持，安価な仕入価格の実現を計画的に行うことです。

図表26-1は材料在庫予算の例です。図表の「消費数量」は在庫から出ていく数量で，製造原価予算の材料費予算により設定されます。図表の「仕入数量」は適正在庫を維持するために仕入れる数量で，これは後述する発注方法によっ

[図表26-1] 材料在庫予算

	材料 a				材料 b			
	仕入数量 (kg)	消費数量 (kg)	月末在庫 数量(kg)	月末在庫 額(千円)	仕入数量 (個)	消費数量 (個)	月末在庫 数量(個)	月末在庫 額(千円)
4 月	500	480	70	840	1,000	210	840	5,880
5 月	500	500	70	840	0	210	630	4,410
6 月	500	520	50	600	0	210	420	2,940
	：	：	：	：	：	：	：	：
2 月	400	400	60	720	0	220	700	4,900
3 月	400	390	70	840	0	220	480	3,360
合　　計	6,100	6,080	750	9,000	3,000	2,570	7,065	49,455
平　　均	508	507	63	750	250	214	589	4,121
期首在庫	50kg				50個			
仕入単価	12,000円				7,000円			

て決まってきます。入りと出を差し引くと月末の在庫数量が計算され，それに仕入単価を乗じて在庫額が決まります。

　材料在庫で重要なのは**仕入数量**です。どのくらいの量を，どのタイミングで発注するかによって在庫量や材料費が変わってくるためです。ここではいくつかの基本事項について解説します。

　在庫管理にはさまざまな発注方法がありますが，材料については大きく 2 つの発注方法があります。1 つは**定期発注点方式**，もう 1 つは**定量発注点方式**です。定期発注点方式とは，決められた発注間隔で必要な量を発注する方法です。定量発注点方式とは，在庫量がある量より少なくなると，一定量を発注する方法です。

①　定期発注点方式

　定期発注点方式は，月 1 回や週 1 回といった定期的な間隔で必要量を発注する方法です。発注間隔は一定ですが，発注量は毎回必要な分を計算しなければなりません。発注量の計算式は下記のとおりです。

　発注量＝（発注間隔＋調達期間）×消費量－現在の在庫量＋安全在庫

　計算式がわかりづらいため，たとえば発注間隔を月 1 回（30 日間）とし，調達期間が 5 日の場合を考えてみましょう。必要な発注量は，発注間隔の 30 日間に在庫が切れないように，30 日分は確保する必要があります。しかし調達期間が 5 日あるため，30 日分の発注量では，材料が届くまでの 5 日のうちに在庫切れとなってしまうため，合計した 35 日分を発注する必要があります。この 35 日分の発注量は，（発注間隔＋調達期間）×消費量で計算されます。一方，現在の在庫量があれば，その分は余分な在庫であるため，発注量から差し引いてあげます。また一定のバッファとして安全在庫は確保する必要があるため，その分を足し戻します。

72

② 定量発注点方式

定量発注点方式とは，あらかじめ決めておいた在庫水準（発注点）に達したときに，一定量を発注する方法です。発注点の計算式は下記のとおりです。

発注点＝調達期間×消費量＋安全在庫

この計算式は少しシンプルで，調達期間に在庫が切れないように調達期間分の必要量を確保し，バッファとして安全在庫をプラスしておきます。ここでいう調達期間分の必要量が調達期間×消費量です。先ほどと同じ調達期間が5日の例で考えてみると，在庫が5日分を切ってから発注すると，材料が届くまでに在庫切れとなるため，5日分＋安全在庫の量に達した時点（＝発注点）で発注します。

［図表26-2］　定量発注点方式

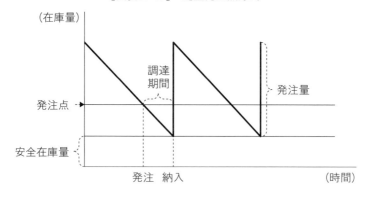

発注するタイミングはわかったとして，次に1回の発注量についてです。最適な発注量を決めるには，「発注費用」と「在庫費用」を考える必要があります。1回の発注量を少なくすれば，在庫量は常に低く保たれるため，倉庫の保管料などの「在庫費用」は低くなります。しかし発注回数が増えるために，発

注事務処理などの「発注費用」は高くなります。逆に 1 回の発注量を多くする
と，発注費用は低くなりますが，平均在庫量は増え，在庫費用は高くなります。
　この反比例する発注費用と在庫費用を加味した場合の最適解を算出する手法
が**経済的発注量**という考え方で，一般的には**図表26-3**のような U 字のカーブ
を描きます。したがって U 字カーブのボトムになる点，つまり発注費用と在庫
費用の合計が最も低くなるときの発注量が最適発注量となるわけです。

[図表26-3]　経済的発注量

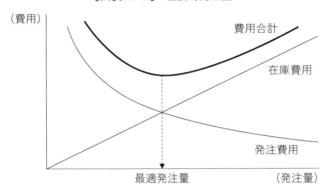

Q27 購買予算における調達費削減

調達コスト削減も重要テーマの１つです。どのように予算を組むべきですか？

A 調達に関する予算を**購買予算**といい，主に原材料や部品の購買に関する予算を指します。購買予算における購入量は，製造原価予算と在庫予算によって決定するため，全体の購入量については他の予算に依存することとなります。したがって購買予算のテーマは，主に**品質確保，納期遵守，価格低減**の３つになります。

品質確保については，「安かろう悪かろう」といった安物買いをするのではなく，一定以上の品質を提供する仕入先を選定および指導する仕入先管理の業務となります。納期遵守については，購買部門として納期を監視し，必要に応じて督促するなどの納期管理となります。

この仕入先管理と納期管理については，一定レベル以上の購買品質を維持するための制約条件であり，むしろ購買予算において重要なのは**価格低減**です。したがって予算管理では，調達コストの削減を目標として管理することになります。

調達コスト削減には，**図表27-1**のように**サプライマネジメント**（供給管理）と**デマンドマネジメント**（需要管理）の大きく２つの側面があります。

① サプライマネジメント（Supply Management）

サプライマネジメントとは，サプライヤー（仕入先）の管理によって調達コストを削減するアプローチです。典型的な方法は，取引する仕入先の数を絞り込み，ボリュームディスカウントを効かせるやり方です。

日本の伝統的な製造業では，長年にわたって取引を続けている系列会社や協力会社を多数抱えており，なかなか合理的な取引先の絞込みができない状況が

［図表27-1］　調達コスト削減アプローチ

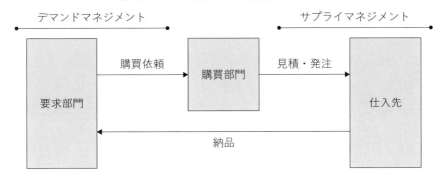

あります。しかし調達価格のカギを握るのは取引先の競争力であり，現在のように国際調達が当たり前となっている中，取引先にも国際水準の価格競争力が求められます。取引先に本当の競争力がないのであれば，取引先の大胆な見直しも必要になってきます。

　また，しがらみがなくても取引先を多数抱えているケースもあります。たとえば同じ資材でも，工場や事業によってバラバラな取引先から購入している場合もあります。これは主に工場や事業部門が個別に発注していることに起因します。同じような資材を複数の部署で発注している場合には，本社で一括して購入することにより，ボリュームディスカウントを効かせることができるかもしれません。

　このように分散した購買業務を本社のコントロール下に一本化することを**集中購買**といいます。ただし集中購買にもメリットとデメリットがあるため注意が必要です（**図表27-2**）。

　集中購買の逆を**分散購買**と言いますが，分散購買の最大のメリットは柔軟性の高さです。緊急の納品やローカルのきめ細かな要求に対し，柔軟に対応できます。このように集中購買と分散購買には，それぞれメリットとデメリットがあるため，購入品の特性を踏まえて整理しておく必要があります。

② デマンドマネジメント（Demand Management）

　調達コストの削減は，決して仕入先の管理だけで推進できるものではありません。購買を要求する側，つまりデマンドサイドの管理も重要になってきます。

　設計や生産の要求条件によって，調達コストは大きな影響を受けます。たとえば設計段階における部品のモジュール化やユニット化は，調達する部品点数を減らし，調達ボリュームを上げることができます。また生産計画においても調達のタイミングやボリュームを調整することによって，調達コストの削減は可能となってきます。このように社内の要求部門を管理し，調達コストを削減するアプローチを**購買のデマンドマネジメント**と呼びます。

　これは必ずしも購買部門の責任だけで実施可能な範囲ではありません。技術部門や製造部門などと協力してはじめて達成可能な事項も多いでしょう。したがって，購買部門が購買予算で行うべきことは，予算編成段階で各部門と年次計画を練り合わせ，調達から完成までのトータルコストを削減するために，予算プロセスを通じてデマンドサイドの改善努力を行うことです。

　デマンドマネジメントとして購買部門がリーダーシップを発揮できる機会には次のような項目があります。

⒜　調達要件の標準化

　調達要件には，スペック，納期，品質基準，価格，支払条件，納入場所，納入方法，検収基準，返品条件など数多くありますが，要求部門のリクエストに個別に対応していては発注費用が膨れてしまいます。購買部門として調達要件を標準化し，標準に合わせるよう要求部門をコントロールすることが全体の調達コスト低減につながります。

⒝　数量/頻度の変更

　発注の数量と頻度は，発注費用を含むトータルコストに影響します。要求部門は基本的に発注費用を考えずに要求するため，購買部門はトータルコスト削

減の観点から発注方法について，よりよい方法を提案すべきです。

(C)　代替案の奨励

　最近，調剤薬局では，単に処方箋に記載されている薬剤を処方するのではなく，価格の低いジェネリック医薬品を提案してくれるようになりました。購買部門も調達の専門家として，調達品に対する代替案を提示することが求められます。

[図表27- 2]　集中購買のメリット・デメリット

メリット	デメリット
1.ボリュームディスカウントによる価格低減	1.購買の柔軟性低下
2.好条件の交渉力アップ	2.大量発注による納品リードタイムの伸長
3.購入品標準化の推進	3.ローカルサプライヤー情報の欠如
4.主要サプライヤーとの関係強化	4.事業部門との関係遊離
5.技術，知識の集中	5.責任意識の低下

Q28 本社費用の管理方法

営業や製造は予算できびしく管理されていますが，本社部門は
甘いのではないでしょうか？

A 　経理部や総務部などの本社機能を担う業務は，予算では**一般管理費
予算**で管理します。日本の多くの企業で，営業や製造はきびしく管理
されてきました。営業は販売ノルマや利益率で管理され，製造でも効率化やコ
スト削減の目標を追求され続けています。

　一方，本社業務というのは一般的に，それほどきびしく管理されていません。
ここでは本社業務の予算である「一般管理費予算」について管理のポイントを
説明します。

　一般管理費の主な費用科目は，役員報酬，本社人件費，賃貸料，旅費，交際
費，減価償却費，事務用消耗品費，水道光熱費などがあります。この中でも費
用の多くを占めるのが**人件費**です。そのため一般管理費の予算編成では，人件
費の妥当性が焦点となります。

　一般管理費は売上と直接連動しないマネジドコストが多く，一般的に効率性
では管理できません。また一般管理費は固定費であるため，管理の目が行きわ
たりにくく，業務の必要性という観点だけで人員を計画すると自然に肥大化す
る傾向があります。

　これまで本社部門は，あまりきびしく管理されない傾向でした。しかし現在，
日本の多くの企業では本社部門の費用削減へ努力を続けています。売上が伸び
ていた時代は販売と製造の管理が最優先でしたが，売上がなかなか伸びない現
在の成熟市場では，利益の源泉を固定費の削減に向けるしかなくなってきたか
らです。

　一般管理費の予算編成において考慮すべき観点は，①**本社費用の妥当性検証**，
②**費用削減施策の推進**，③**費用配賦による牽制**の3つです。

①　本社費用の妥当性検証

　まず，そもそも現在の本社費用が妥当なのか検証が必要です。本社費用の妥当性を合理的に示すことは難しいのですが，簡易的なやり方として，売上に対する本社費用の割合を過去と比較する方法があります。

　売上高本社費用比率を過去にさかのぼって算出し，本社機能の効率性が向上しているかどうか検証してみます。かつての増収増益の時代には，売上増加にともなって本社も肥大化しました。しかし売上が下がってきたにもかかわらず，本社の人数は売上ピーク時と変わらないという例もあります。

②　費用削減施策の推進

　一般管理費は基本的に固定費ですが，費用削減の余地があれば予算に組み込み，年間を通じて努力する必要があります。

　本社費用の削減は，社外と社内に分けて大きく 2 つの観点があります。1 つは会社の外に出ていくお金，つまりキャッシュアウトを抑制する方法です。今まで外部に委託していた作業を社内で賄うというものです。もう 1 つの方法は，社内の費用，つまり人件費を削減する方法です。早期退職優遇制度や新規採用抑制，配置転換など，労働基準法の範囲内で人件費削減施策を推進します。

③　費用配賦による牽制

　一般管理費を部門共通費として各部門へ配賦している企業は多いでしょう。これは営業や製造部門に対して管理コストの意識づけになります。ここでのポイントは，配賦された費用の中身をできるだけ「見える化」することです。各部門からすると，本社費用の一部を負担するということは，それ相応の価値がなければ納得がいきません。本社費用の透明性を高めて，本社が一定の説明責任を負うような仕組みは，不要な肥大化を抑制する効果につながります。

Q29 資金予算とは

資金予算とは何でしょうか？

A 　資金予算とは，企業の資金の収入と支出を管理するための予算です。企業の取引の多くは信用取引となっており，売り買いのタイミングと実際の現金の受け渡しは一致していません。また，会計処理は**発生主義**で行われるため，損益計算書予算や貸借対照表予算では，資金の動きを管理するには十分ではありません。そこで**現金主義的**な収支の管理が必要となってきます。

①　資金予算の目的

　資金は少なすぎると資金の不払いが発生し，銀行取引が停止され，黒字倒産にもなりかねません。しかし，資金が多すぎても余計な金利負担などにより非経済的です。したがって，多すぎず，少なすぎない適正な資金レベルを維持することが求められ，これを**資金流動性の維持**と呼びます。この資金流動性の維持を達成するためには，計画的に資金を調達し，必要に応じて余裕資金を投資することが求められ，これが資金予算を組む目的となります。

②　資金予算の構成

　資金予算は，大きく現金収支予算，信用予算，運転資本予算に分類されます。現金収支予算とは，現金の収入と支出を総合的に管理し，年間を通じて必要な現金の水準を維持するための予算です。信用予算とは，売掛金，受取手形，貸付金などの債権，あるいは買掛金，支払手形，借入金などの債務といった信用取引に関する予算であり，現金収支予算の一部を構成します。運転資本予算とは，一般的に流動資産から流動負債を差し引いた運転資本の予算です。運転資本予算は買掛金や売掛金といった流動資産，流動負債も含め，現金収支予算よ

りも少し広い財務流動性の維持を目的としています。

③　現金収支予算

　資金予算の中で特に重要となるのが現金収支予算です。具体的には**図表29-1**のように，月別に現金の収入と支出を見積もり，月末の現金残高が適正に維持されることを計画します。

　現金収支の見積り方法は，各部門の作成する予算に基づいて行います。具体的には，売上高予算，販売費予算，製造原価予算などから，現金収支に関わるものを取り出し，その収入や費用の発生と，現金の動きの時期を，過去のデータ等から見積ります。たとえば売上の何割が現金で，何割が売掛金となるかなどを推定します。その上で適正な資金水準を維持するために必要な資金額と時期を把握し，不足分については借入金などの調達手段を計画します。

[図表29-1]　現金収支予算表

	4月	5月	6月	…	合計
現金収入 　　売上代金入金 　　前受金 　　受取利息収入 　　配当収入 　　その他収入					
収入合計					
現金支出 　　材料費支出 　　人件費支出 　　販売費支出 　　その他経費支出 　　支払利息支出 　　税金等支出					
支出合計					
資金収支 　　月次収支 　　月初現金預金残高 　　借入金 　　借入返済					
月末現金預金残高					

Q30 資本予算とは

投資の予算が限られている中で，予算を合理的に割り当てる手法を教えてください。

A 投資に関する予算は**資本予算**で扱い，主に設備投資や投融資が対象となります。投資とは，将来的な資本を増加させるために，現在の資本を投じる活動のことで，企業では設備投資のように初期に大きな支出を行い，将来数年間にわたって投資分を回収する性格のものです。投資は一般的に金額が大きく，影響も長期にわたるものが多いため，企業としては重要な意思決定を必要とします。したがって，資本予算のメインテーマは，**投資案件の評価と選定**ということになります。

どの企業でも投資に回せる資金には限りがあるため，複数の投資案件がある場合には，基本的に優先順位づけをする必要があります。ただし投資にはいくつかの種類があり，それぞれ評価の観点が異なるため，まずは**図表30-1**にあるように投資案件を分類することから始めます。

既存案件とは，過去にすでに投資の意思決定がされていて，本年度中に投資が執行される案件です。したがって，このタイプの投資案件は確定であり，基本的に「評価対象外」となります。

制度案件とは，法制度の変更などによって投資が必須となる案件です。たとえば会計制度の変更によって，大規模な情報システムの改修が必要となるよう

[図表30-1]　投資の分類

分　　類	説　　明	評価の観点
既存案件	過去すでに投資の意思決定がされた案件	評価対象外
制度案件	法制度の変更等で対応が必須の案件	低コスト
戦略案件	トップマネジメントの戦略的な意思で必須の案件	低コスト
通常案件	投資を上回る収益を得るために行う通常の案件	投資対効果

な場合です。このタイプの投資案件は必須であり，評価方法はコストの妥当性
ということになります。制度案件は通常，収益を生む投資ではないため，投資
対効果では評価できず，むしろ最も「低コスト」で収まるアプローチを検討，
選定することになります。

　戦略案件とは，トップマネジメントの戦略的な意思によって実施する案件で
す。戦略的な意思とは，単に経済合理性があるから実施するのではなく，トッ
プマネジメント，親会社，オーナーなどによる「どうしてもやりたい」という
「思い」のことで，理屈というよりは天の声のようなものです。このタイプの案
件は基本的には投資対効果で評価するのではなく，原則実施する前提で，どの
程度のコストをかけるかが検討のポイントとなります。

　最後の**通常案件**は，将来的に投資を上回る収入を得るために行う通常の投資
案件です。このタイプの案件は，基本的に「投資対効果」で優先順位づけをし，
限られた経営資源の範囲で選定を行います。つまり投資案件の評価，選定を行
う対象とは，通常案件に限定されます。

　投資対効果の評価は，一般的に定量的側面と定性的側面の両方から総合的に
行います。ここでは①**定量評価**，②**定性評価**，③**総合評価**の 3 つを説明します。

①　定量評価

　投資対効果の定量評価には一般的に下記のような方法があります。

[図表30- 2]　投資対効果の評価手法

手 法 名	略　　名	説　　明
回収期間法	PP：Payback Period	初期投資額の回収期間
投資収益率	ROI：Return on Investment	平均回収額÷投資額
正味現在価値	NPV：Net Present Value	将来収入の現在価値－初期投資額
内部収益率法	IRR：Internal Rate of Return	NPV＝ 0 となる場合の割引率

　日本の伝統的企業では簡便的な回収期間法がよく用いられ，最近では正味現
在価値（NPV）も一般的になっています。一方，欧米では内部収益率法（IRR）

がよく用いられます。

　定量評価は**足切り基準**として使うケースもあります。たとえば回収期間法であれば，投資対象の条件として「初期投資を３年以内に回収できること」といった形で制約事項にする方法です。これは回収期間が短ければ短いほど良いというよりは，一定の期間で回収できることを前提条件とする考え方です。

②　定性評価

　定性評価では，定量的には拾いきれないいくつかの観点で評価します。これには**図表30-3**のような**評点法**を用いると便利です。この図表では新規事業投資を例に評価項目を示していますが，設備投資や情報システム投資など，それぞれの投資目的に応じて評価項目は用意します。

[図表30-3]　評点法

評　価　項　目		評　価　点		
		2点	1点	0点
戦略整合性	基本戦略との関連性	強	中	弱
	コア/ノンコア事業	コア	－	ノンコア
	他事業とのシナジー	強	中	弱
競争優位性	技術・サービスの独自性	強	中	弱
	営業力・マーケティング力の強さ	強	中	弱
	価格競争力の強さ	強	中	弱
リスク	予定収益に対する不確実性の程度	低	中	高
	撤退の容易性	易	中	難
	リスク回避策の充実度	十分	中	不十分

③　総合評価

　最終的には定量評価と定性評価を総合して評価を行います。総合評価の例として，**図表30-4**のような優先順位づけの考え方があります。このようなシステマチックな評価方法は，場当たり的な投資判断を防止し，投資の客観性や透明

性を高める効果があります。一方，すべてのケースに万能な評価ルールはそも
そも作れないため，最終的には企業のさまざまな状況を勘案して，総合的に判
断する必要があります。

[図表30-4]　総合評価

定量評価

	定量評価			
	A	B	C	D
IRR	15%〜	10〜15%	5〜10%	〜5%

定性評価

	定性評価			
	A	B	C	D
評点	15〜	10〜15	5〜10	〜5

総合評価

定量\定性	A	B	C	D
A	○	○	△	×
B	○	△	△	×
C	△	△	×	×
D	×	×	×	×

○：最優先，△：再検討，×：実施せず

Q31 総合予算と予算財務諸表

総合予算とは何でしょうか？

A 総合予算とは，ここまで説明してきた損益予算，資金予算，資本予算を合わせたものを指します。総合予算編成とは，積み上がった総合予算から損益計算書予算，貸借対照表予算，キャッシュ・フロー計算書予算の**予算財務諸表**を作成することを指します（図表31-1）。

まず予算部門が各部門からの予算を集計し，総合予算の編成を行いますが，予算部門は単に集計作業をするのではなく，各部門と調整すべき事項を明らかにし，実際に調整を行いながら総合予算を編成します。

予算財務諸表は，総合予算の結果として作成されるものであると同時に，最終的な目標でもあります。したがって結果として作成された財務諸表がトップマネジメントの期待と異なる場合は，総合予算を構成する各予算を見直すことになるため，実際の総合予算編成はさまざまな調整を経て最終化に至ります。

[図表31-1] 総合予算

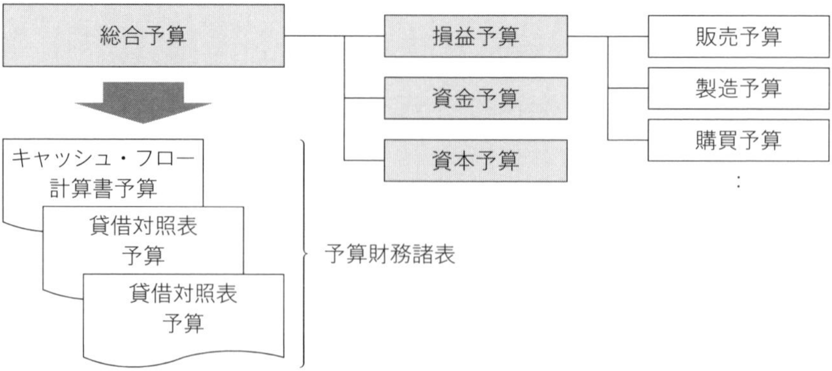

　また予算の確定に向けて，予算審議会で確認すべきテーマの洗い出しや説明資料の作成などの準備作業も並行して行います。特に予算部門と各部門の間で調整がつかなかった課題については，経営陣に判断を仰ぐケースもあるため，議論に必要な情報を各部門から収集しておくと同時に，予算部門の意見もまとめておく必要があります。

　事前の調整がどこまで必要かについては，意見が 2 つに分かれます。従来の考え方は，予算部門が中心となって各部門と事前に調整すべきという立場です。未調整のままでは，経営陣の集まる審議会での再検討を要し，忙しいトップマネジメントの時間が浪費されるという考え方です。

　一方，事前の調整は各部門と個別の協議を繰り返すため，逆に非効率という意見もあります。むしろ経営陣が一堂に会する場所にて，トップダウン的に決定するほうが早いという考え方です。これは企業風土や経営者のスタイルにもよると思われますが，もしトップダウンで早い意思決定ができるのであれば有効な方法かもしれません。

　総合予算は最終的に予算審議会やトップマネジメントによって承認され，後は各部門へ確定予算を伝達し，すべての予算編成が完了となります。

第3章

予算による組織マネジメント

Q32 予算統制の基本

Q33 経営会議の意義

Q34 予算差異の分析ステップ

Q35 予算の分析手法

Q36 予実管理のフォーマット

Q37 在庫管理のポイント

Q38 売掛金回収の管理方法

Q39 Excel vs. パッケージソフト

Q40 予算管理システムの特徴

Q41 RPA の活用方法

Q32 予算統制の基本

予算による組織マネジメントとは何でしょうか？

A 　予算による組織マネジメントとは，予算に基づいて社員に実行を促し，状況をチェックし，必要なアクションを取るという「予算のPDCAサイクルを回すこと」にほかなりません。

　予算による組織マネジメントは，予算管理プロセスにおける**予算統制プロセ**スのことを指し，一般的に月次のサイクルで管理します。多くの企業が月次で管理している理由は，会計の締めが月次単位であり，財務情報の集計サイクルが月次のためです。一方，飲食業界や流通業界のように，日次で財務情報を管理している業界もあります。ただし，このような日次の管理は日々の**活動管理**が目的であり，必ずしも予算管理としての位置づけではありません。

　企業には予算統制以外にも，さまざまな管理があります。**図表32-1**は予算管理と活動管理を整理したものです。

[図表32-1]　管理サイクル

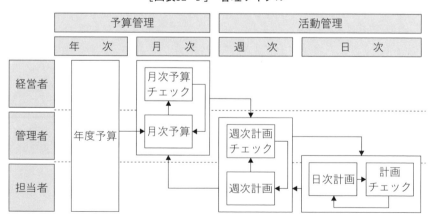

　図表の左側は予算管理の領域を示しており，年度予算に対する月次の予実管理になります。一般的にトップマネジメントが集まる経営会議などで前月の実績を確認します。

　一方，ミドルマネジメントや担当者レベルでは，もう少し細かなサイクルで管理をしますが，これは予算管理というよりは**活動管理**と言えます。図表の右側は活動管理を示しており，週次あるいは日次で進捗確認などを行います。たとえば営業現場では週次の定例ミーティングを設定し，営業活動の進捗確認を行っている企業も多いでしょう。また担当レベルでも日々の活動について早朝にチームミーティングを行ったり，上司との間で日報のやりとりなどを行ったりします。

　これらの管理サイクルは全体としてつながっており，年次目標を達成するための月次管理，月次目標を達成するための週次管理，日次管理と具体的な活動レベルに管理がブレークダウンされます。

Q33 経営会議の意義

予実管理にわざわざ会議を開く必要はあるのでしょうか？

 会議というものは無駄な業務の1つとしてよく話題になります。確かに無駄な会議は数多くあるのでしょう。

予算統制の中心は経営会議における予実差異の確認ですが，もし予実差異をチェックするだけであれば，別に会議など開かなくても，情報システムから自動的にレポートが出れば事足ります。そしてメールで情報共有さえすれば，わざわざ会議という形式をとる必要はないのかもしれません。しかし予算統制を経営会議で行うことには，次のような意義があります。

① 周知を集める

経営会議は部門長が経営トップに報告するだけの場ではなく，そこに集まる多くの優秀な上級管理者が各部門の問題解決をサポートする場でもあります。予実差異に対して，別の角度から分析的な示唆を与え，よりよい解決策を見出すために周知を結集して事にあたる意味合いがあります。

② 会社全体のトレンドの把握

経営会議は会社全体の課題やトレンドを理解する場でもあります。自部門だけを見ていたらわからないマクロな動きを把握し，全体の視点から自部門の責任を全うすることができます。他の部門の動きや会社全体の状況によって，自部門の戦略や計画を修正する必要も出てくるでしょう。

③ 協力，調整の場

経営会議は，他部門からの協力，あるいは他部門との調整をオフィシャルに

行う貴重な場です。問題解決の種類によっては部門間が協力しなければ実施できないこともあるでしょうし、当事者同士ではなかなか調整がつかない問題も、トップを含めた経営会議の場では迅速な意思決定が期待できます。

④　信賞必罰

　経営会議で実績を報告するということは、高い成果を出した者にとっては英雄になる場であり、低い成果の者にとってはさらし者になる場です。企業によっては信賞必罰を徹底しており、経営会議の席を成績順に並べ、部門長同士の競争心をあからさまに煽るような方法をとっている会社もあるようです。程度の問題は別にしても、人前で実績を報告するという行為は、目標への達成意欲を刺激する効果があります。

⑤　一体感の醸成

　トップマネジメントが一堂に会し、1つの目標に向かって議論することは、企業が一体感を醸成する重要な機会となります。各部門長が社長の考え方や思いを理解、確認する場であり、また社長や各部門長同士がお互いの思いや状況を共有する場でもあります。

　このように予算統制とは、単に予実差異を確認、対応するという機械的なプロセスではなく、人が動機づけされ、目標達成意欲を高めるという極めて人間的なプロセスなのです。

Q34　予算差異の分析ステップ

予算差異はどのように分析すればいいのでしょうか？

A 　予算差異の分析は，基本的に**図表34-1**のように３つのステップで進めます。重要なことは，予実差異を表面的に捉えて対症療法に陥らないことです。差異があるからといってすぐに解決策を考えるのではなく，順を追って問題の本質に迫ることが肝要です。

［図表34-1］　予算差異の分析ステップ

分析ステップ

差異の把握　予算の予実差異の中で，特に差異の大きいところに着目する

発生箇所の特定　差異をブレークダウンして，発生している部分を特定する

原因分析　差異を発生させている本質的な原因責任分析　を分析し，責任者を特定する

改善策の作成

①　差異の把握

　最初は予算差異を把握するステップですが，特に差異の大きいところに着目します。ここではあまり細部に入り込まず，まずは全体の予算に大きな影響を与えている部分をマクロ的に把握することが重要です。

②　発生箇所の特定

　次に差異の大きな部分について，その発生箇所の特定を行います。たとえば

製品 A の売上高が予算より大幅に低かった場合，製品 A の売上高を構成する
どの部分が発生箇所なのかを特定するために，顧客別や地域別の売上高を確認
するといったイメージです。

　ここで重要なのは**発生箇所の特定**と**原因の特定**は別だということです。たと
えば製品 A について，顧客 X の売上が著しく低いことがわかった場合，発生箇
所は顧客 X の売上減と特定できますが，これは原因を特定できたわけではあり
ません。原因としては，たとえば顧客 X が営業マンの対応に不満を持って取引
をキャンセルした，といったような真の原因があるはずだからです。

　発生箇所の特定方法は，基本的に差異の部分をブレークダウンしていく方法
をとります。一般的には，数量差異と価格差異に分ける，あるいは顧客別や組
織別といった構成要素に分解して，発生箇所を絞り込みます。

③　原因分析・責任分析

　原因分析とは，差異が発生した本質的な原因を突き止める作業です。前述し
たとおり，差異を特定しただけでは原因を特定したことにはなりません。その
特定された差異がなぜ起きたかを分析しなければ，本質的な解決策は出てきま
せん。一般的には，なぜ，なぜという質問を繰り返し，原因を深掘りします。
表面的な事象だけを捉えて解決策に走ると，対症療法的な解決策しか出てきま
せん。よく「なぜ，なぜを 5 回繰り返せば本質的な原因にたどり着く」と言わ
れますが，これ以上「なぜ」の質問に答えられなくなるまで徹底的に考え抜く
ことが重要です。

　次に責任分析についてですが，よく原因追及と責任追及を混同するケースが
あるため注意が必要です。原因を特定するために始めた分析が，いつの間にか
責任の追及になってしまうのです。ここは原因追及と責任追及をはっきりと分
け，まずは原因を特定し，そのうえで対応にあたる責任者を特定します。責任
分析は決して悪者探しではありません。責任をもって問題に対応する人を選任
することが目的です。

Q35 予算の分析手法

予算の分析手法を教えてください。

A 分析とは，もともと「分けて折る」ことを意味しており，分けることが分析の本質です。基本的には2つの要素に分解していきます。分けることの目的は「問題の切り分け」にあります。つまり**図表35-1**のように，問題はAかBかと切り分け，さらにaかbかと切り分けていき，最終的に問題点を追い詰めるイメージです。

[図表35-1] 問題の切り分けイメージ

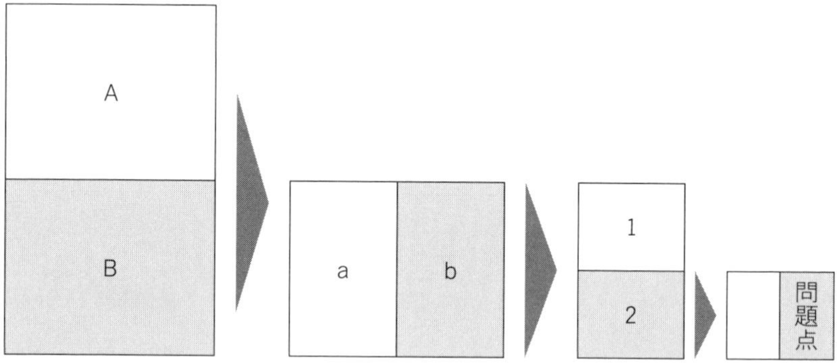

① 分析の切り口

分析の切り口は数多くあり，たとえば売上高を例にとってみても**図表35-2**にあるように，さまざまな切り口で分解することが可能です。ただし問題の切り分けにつながらなければ意味がないため，いくつかの切り口で試してみて，最も感度のよい切り口を見極める必要があります。

　たとえば売上高が減少したケースで，商品を高価格帯と低価格帯に分けたとします。もし高価格帯だけに売上高の減少があった場合，問題は高価格帯にあると推論できます。しかし高価格帯と低価格帯に差がない場合，この切り口では問題の切り分けができなかったことになり，別の切り口を試してみる必要があります。

[図表35- 2] 売上高の切り口（例）

商品軸	顧客軸	地域軸
売上高 → 高価格帯 / 低価格帯	売上高 → 法人客 / 個人客	売上高 → 都心部 / 地方部
売上高 → 新規商品 / 既存商品	売上高 → 大口客 / 小口客	売上高 → 国内 / 海外

　このように問題を切り分けられる**感度の高い切り口**を見つけることが分析の基本です。感度の高い切り口とは，**図表35- 3**のイメージです。図表の左側は，この分け方では両者に特徴が見いだせなかった失敗ケースで，この分け方に意味がありません。右側は2つの要素に大きな特徴が出たケースで，感度の高い切り口と言えます。

[図表35- 3] 要素分解の切り口

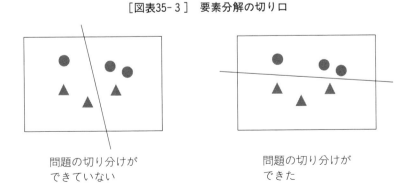

問題の切り分けが　　　　　　　　問題の切り分けが
できていない　　　　　　　　　　できた

98

なお切り口を考えるコツは，まず**軸**を考えてみることです。たとえば売上高であれば，**図表35-2**のように商品軸，顧客軸，地域軸といった軸をまず置き，軸に沿って切り口を考えます。図表ではそれぞれの軸に2つの例だけをあげていますが，もっと考えればいくらでも出てくるはずです。

② MECE

分析で大切なことは**正しく分ける**ということですが，これに不可欠な技術がMECE（ミッシー）という考え方です。**MECE**とは Mutually Exclusive and Collectively Exhaustive の略で，モレがなく，ダブリがない状態を指します。たとえば**図表35-4**の左側のように，「国内」と「海外」は MECE です。世界を国内と海外に分けた場合，漏れている国はなく，またダブる国もないからです。一方，図表の右側は MECE ではありません。図表で説明されているとおり，モレがあったり，ダブリがあったり，またはその両方だからです。

問題の分析で分け方にモレがあると，問題が検討の外にモレてしまう可能性があります。また分け方にダブリがあると，AかBのどちらかではなく，AとBの両方に問題がまたがり，切り分けになりません。

［図表35-4］　MECE

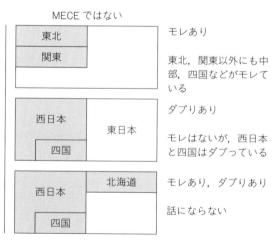

③　ロジックツリー

　ここまでの基本的な分析の考え方を踏まえて，予実管理に有効なロジックツリーによる分析手法を説明します。**ロジックツリー**とは，問題の原因を追及する場合や，解決案を探る場合に役に立つ分析手法です。文字どおり，ロジック（論理）をツリー構造に分解していき，考え方を分解，整理する技法です。この分析には原因を追及するロジックツリーと，解決策を導き出すロジックツリーがあるため，それぞれについて説明します。

ⓐ　原因を追及するロジックツリー

　図表35-5は原因を追及するロジックツリーのイメージです。まず予算差異を問題として設定します。たとえば売上減を問題と設定した場合，これまで説明したとおり，問題の切り分けを行い，原因を深掘りしていきます。ここではWhy，つまり「なぜ売上減が起きたのか？」について考えられる要因（仮説）をあげ，データの確認（検証）を繰り返し，根本的な原因を特定していきます。

　売上差異には影響する要因が数多くあるため，これらの要因を一度に考えても，なかなか頭が整理できず，真の原因までたどり着きません。ロジックツリーは全体像を捉えながら，1つひとつの事象を順番に考えることができるため，

[図表35-5]　原因を追及するロジックツリー（収束思考）

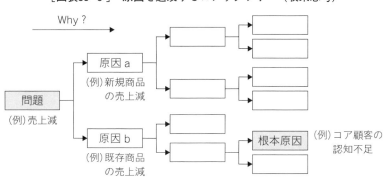

短時間に効率的な分析が可能となります。

　ロジックツリーで注意すべきことは，まず分解した要素がMECEになっていることを確認することです。ロジックツリーを使う目的の１つは，重要な視点をもらさないことにあります。他にもれている要素はないかという意識を常に持ち続けることがポイントです。

　もう１つロジックツリーを作成する上で注意すべきことは，分解した要素の**レベル感**を合わせることです。たとえば**図表35-6**のように「成年男子」，「成年女子」，「未成年」の３つに分けた場合，これはMECEではありますがレベル感が合っていません。成年と未成年，男子と女子が同一のレベルであり，成年男子と未成年はレベルが異なります。レベル感が合っていないと検討の視点が見過ごされる危険性があります。成年については男子と女子を分けて考えたにもかかわらず，未成年は分けずに考えたとすれば，検討の視点がもれています。

　また同じように，図表右側の「北海道」と「それ以外」に分けた場合も，MECEではありますが，レベル感が合っていません。北海道とそれ以外の都府県とは，明らかに粒の大きさが異なるからです。もっとも北海道とそれ以外を比較することに何か特別の意味があれば別ですが，通常は要素の**粒度**を統一することが原則です。

　このようにMECEになったからといって安心するのではなく，レベル感を合わせることも忘れてはなりません。

[図表35-6]　ロジックツリーのレベル感

ⓑ　解決策を導き出すロジックツリー

　ロジックツリーは解決策を導き出す場合にも便利なツールです。たとえば先ほどの原因を追及するロジックツリーで「コア顧客の認知不足」が根本原因と判明した場合，今度は「顧客認知度をどう上げるか？」という課題からロジックツリーを作成します。

　図表35-7はその例ですが，原因を追及するロジックツリーが Why を繰り返すのに対し，解決策を導き出すロジックツリーは How を繰り返します。どうすれば解決できるかについて，あらゆる可能性，あらゆる選択肢を出し切るためのロジックツリーです。

　原因を追及するロジックツリーは**収束思考**です。これは数多く考えられる原因から真の原因を絞り込み，収束させる思考だからです。一方，解決策を導き出すロジックツリーは**発散思考**です。考えられる解決策をできるだけ数多く洗い出し，可能性や選択肢を広げる思考だからです。

　解決策を導き出すロジックツリーの目的は，思考のモレをなくすことです。たとえば顧客認知度を上げるために，広告宣伝費を増やすというアイデアは短絡的です。そうではなく「認知度を上げる方法は，広告宣伝以外に何があるか？」という MECE 的な思考が必要だからです。

［図表35-7］　解決策を導き出すロジックツリー（発散思考）

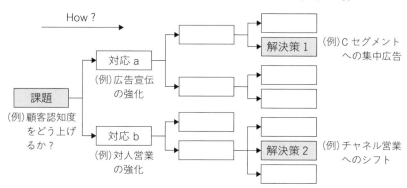

Q36 予実管理のフォーマット

予実管理には，どのようなフォーマットがいいのでしょうか？

A 予実管理のフォーマットは企業によってさまざまですが，基本的には予算に基づいて，計画，実績，差異を一覧表にまとめた形式を用います。ただし，まとめ方にはさまざまな方法があり，企業としてフォーカスするポイントや管理の目的によって工夫するのが一般的です。ここでは，いくつか典型例をベースにポイントを説明します。

① 基本的なフォーマット

まず最も基本的なフォーマットが**図表36-1**の組織別収支管理表です。図表では縦軸に損益計算書科目，横軸に組織をとり，それぞれ計画，実績，差異を表記しています。このように計画，実績，差異を並べて表記する方法は予実管理フォーマットの基本ですが，全体の縦軸および横軸のとり方は，さまざまなバリエーションがあります。

[図表36-1] 組織別収支管理表

○月度	第一事業部			第二事業部			第三事業部			合　計		
	計画	実績	差異	計画	実績	差異	計画	実績	差異	計画	実績	差異
売上高	2,500	2,630	130	3,100	2,950	−150	1,200	1,450	250	6,800	7,030	230
売上原価	1,700	1,780	80	2,400	2,330	−70	750	860	110	4,850	4,970	120
売上総利益	800	850	50	700	620	−80	450	590	140	1,950	2,060	110
販管費	300	300	0	400	390	−10	170	210	40	870	900	30
営業利益	500	550	50	300	230	−70	280	380	100	1,080	1,160	80
営業外収益	30	20	−10	20	20	0	10	5	−5	60	45	−15
営業外費用	10	20	10	30	35	5	20	15	−5	60	70	10
経常利益	520	550	30	290	215	−75	270	370	100	1,080	1,135	55

この例では縦軸にハイレベルな損益計算書の項目を記載していますが，企業によってはもっと細かな単位で管理しています。たとえば製造業であれば，売上原価を1行で処理するのではなく，材料費，労務費，外注費，物流費など原価を構成する主な要素に分けて管理するなどしています。

管理項目の粒度は企業の業種業態によって，どこに着目して管理するかに依存します。売上を中心に管理するべき業態であれば，売上高の項目を細分化して管理します。また費用のほとんどが人件費である業態の場合，労務費の項目を細分化して管理します。このように基本形は**図表36-1**のとおりですが，業種業態の特徴によってフォーマットを工夫することが重要です。

②　売上高と粗利にフォーカスしたフォーマット

図表36-2は粗利に着目したフォーマットの例です。損益計算書の粗利，つまり売上総利益は企業にとって利益の源泉であり，最終的な利益へのインパクトも大きいため，販管費や営業外損益などよりも粗利にフォーカスした管理を志向しているケースです。

また粗利率を見ているのも特徴的です。部門ごとに計画値が大きく異なる場合，「額」だけで見ると差異のインパクトがわかりづらいため，「率」で見るというのも1つの工夫です。

[図表36-2]　事業部/課別粗利表

○月度		売上高			粗利益			粗利率		
		計画	実績	差異	計画	実績	差異	計画	実績	差異
第一事業部		1,150	1,140	−10	370	340	−30	32.2%	29.8%	−2.3%
	第一課	450	420	−30	140	110	−30	31.1%	26.2%	−4.9%
	第二課	500	550	50	160	170	10	32.0%	30.9%	−1.1%
	第三課	200	170	−30	70	60	−10	35.0%	35.3%	0.3%
第二事業部		2,450	2,410	−40	810	815	5	33.1%	33.8%	0.8%
	第一課	750	780	30	250	270	20	33.3%	34.6%	1.3%
	第二課	800	820	20	260	235	−25	32.5%	28.7%	−3.8%
	第三課	900	810	−90	300	310	10	33.3%	38.3%	4.9%

　縦軸に組織のサブセグメントを置いているのも特徴の1つですが，これには理由があります。レポートフォーマットの性質として，横軸は項目数を多くとることができず，縦軸は項目数を多くとることができます。したがって組織を細かな単位で管理しようとすると，縦軸に組織を持ってくるほうが収まりやすくなるわけです。縦軸と横軸を考える際には，この**収まりの良さ**というのも検討ポイントの1つです。

③　累積と将来予測に着目したフォーマット

　図表36-3は，**累積**や**着地見込み**に着目したフォーマットです。実績や差異というのは，当月だけを見ても順調かどうかわかりません。たとえば当月の実績が計画に対してプラスであったとしても，累積がマイナスであれば，まだ挽回が足りず，このままでは年間の目標が達成できないことを意味します。逆に当月が未達であっても，累積がプラスであれば大きな問題ではないことを意味します。このように当月よりも累積に着目するほうが，全体感を持った判断ができるようになるわけです。

　そして，さらに重要なのが「着地見込み」です。着地見込みとは，年度末の

[図表36-3]　売上高/利益着地見込み表

○月度		当月			累積			年間（着地見込み）				
									受注済		未受注を含む	
		計画	実績	差異	計画	実績	差異	計画	見込み	進捗率	見込み	進捗率
売上高		1,550	1,490	−60	9,300	8,760	−540	18,600	12,220	66%	13,800	74%
	営業一部	550	510	−40	3,300	3,000	−300	6,600	4,500	68%	5,100	77%
	営業二部	600	550	−50	3,600	2,900	−700	7,200	4,120	57%	4,700	65%
	営業三部	400	430	30	2,400	2,860	460	4,800	3,600	75%	4,000	83%
売上原価		930	910	−20	5,580	5,700	120	11,160	7,332	66%	8,800	79%
	営業一部	330	300	−30	1,980	2,000	20	3,960	2,700	68%	3,200	81%
	営業二部	360	340	−20	2,160	2,100	−60	4,320	2,472	57%	3,600	83%
	営業三部	240	270	30	1,440	1,600	160	2,880	2,160	75%	2,000	69%
粗利益		620	580	−40	3,720	3,060	−660	7,440	4,888	66%	5,000	67%
	営業一部	220	210	−10	1,320	1,000	−320	2,640	1,800	68%	1,900	72%
	営業二部	240	210	−30	1,440	800	−640	2,880	1,648	57%	1,100	38%
	営業三部	160	160	0	960	1,260	300	1,920	1,440	75%	2,000	104%

達成予測のことですが，これこそが最終的な目標であるため，この見込みが立っているかどうかが非常に重要となってきます。

　たとえば当月や累積の状況が順調でも，着地見込みが大きくマイナスであれば決して順調とは言えません。何か大きなアクションを取らなくてはいけない状況かもしれません。逆に累積が未達であっても，すでに着地の見込みが立っているのであれば大きな問題ではありません。

　このように過去の情報に基づいて対応をとるのではなく，着地見込みといった**将来予測**に基づいて経営の舵をとる考え方を**フォワード・ルッキング**と言いますが，現在では経営管理の主流になってきています。

　さて図表の着地見込みについて少し解説しておきます。まず「受注済」とありますが，これはいわゆる受注残を加味した数字のことで，まだ売上として計上はされていないが年度末までに計上される予定の数字です。すでに受注済であるため，ほぼ確実に見込める数字を意味します。一方，図表の「未受注を含む」とは，今後の営業努力で受注できそうな売上を含めた数字です。この「受注済」と「未受注を含む」を分けている理由は，着地見込みの確実性を正確に把握し，それに応じた対応をとるためです。

　着地見込みは非常に重要な情報ですが，集計するためにかなりの手間と時間がかかるので注意が必要です。実績だけであれば会計システムなどから簡単にデータを集計できますが，着地見込みは当然のことながら会計システムにデータがありません。受注残や受注見込みの情報は，営業部門が Excel などの表計算ソフトで管理しているか，SFA などの営業支援システムで管理しているのが一般的です。そのため着地見込みを算出しようとすると，**営業情報の整備**が不可欠になってきます。

　またデータの信頼性を担保するためにルールと運用を整備することも必要となります。たとえば未受注の数字を正確に集計するためには，営業部門の受注予定データが正確にシステムへ入力され，適宜アップデートされていなければなりません。またデータの登録・抹消ルールや受注確度の設定ルールなども決め，人によってばらつきが出ないように徹底する必要があります。

Q37 在庫管理のポイント

在庫予算はどのようなフォーマットで管理するのでしょうか？

A 在庫予算は，第2章の図表24-1のような表で予算を組んでいます。予実管理では，その表をもとに実績と差異を管理することとなり，具体的には**図表37-1**のフォーマットが典型例です。単純に予算の計画値に対して実績値を管理する形です。

[図表37-1]　在庫管理表（数量ベース）

		生産数量(個)		販売数量(個)		在庫数量(個)			在庫金額(千円)		
		計画	実績	計画	実績	計画	実績	差異	計画	実績	差異
4	月	100	100	90	100	60	50	−10	480	400	−80
5	月	100	100	100	110	60	40	−20	480	320	−160
6	月	100	100	100	90	60	50	−10	480	400	−80
		⋮	⋮	⋮	⋮	⋮	⋮	⋮	⋮	⋮	⋮
2	月	100	70	100	100	60	60	0	480	480	0
3	月	100	80	100	90	60	50	−10	480	400	−80
期首在庫	50個										
製品原価	8,000円										

　ただし，このように製品ごとに在庫管理表を作成すると，仮に何百種類もの製品を抱える企業では管理表も何百ページに及んでしまうため，月次の経営会議で管理することは困難です。そこで，製品カテゴリーや事業セグメント単位にまとめて管理する必要が出てきます。その場合は上記の図表のように「数量」で管理するのではなく，「金額」に換算して管理します。

　図表37-2は金額ベースのフォーマットです。たとえば，ある製品カテゴリーに10種類の製品がある場合，この管理表の金額は10種類の製品を合計した金額

[図表37-2]　在庫管理表（金額ベース）

	生産（千円）		販売（千円）		在庫（千円）			在庫回転日数（日）		
	計画	実績	計画	実績	計画	実績	差異	計画	実績	差異
4　月	800	800	720	800	480	400	−80	18	15	−3
5　月	800	800	800	880	480	320	−160	18	12	−6
6　月	800	800	800	720	480	400	−80	18	15	−3
	⋮	⋮	⋮	⋮	⋮	⋮	⋮	⋮	⋮	⋮
2　月	800	560	800	800	480	480	0	18	18	0
3　月	800	640	800	720	480	400	−80	18	15	−3
期首在庫	400,000円									

となり，また製品原価は10種類の製品の加重平均原価となります。すべてを金額ベースで表しているため，金額や性質の異なる製品もまとめて管理することが可能となります。ただし，まとめることで細かな管理ができなくなる欠点もあるため，ある製品カテゴリーで大きな差異が発見された場合には，より細かな単位にブレークダウンして問題点を検討する必要があります。

　図表37-2では**在庫回転日数**という項目を使用していますが，これは在庫管理でよく使われる指標です。在庫回転日数とは，在庫が何日かかって1回転するかを表した指標で，在庫の効率性を示します。たとえば在庫回転日数が18ということは，18日で在庫が入れ替わるという意味です。この日数が短ければ短いほど在庫が効率的に収益を上げていることになります。

　在庫回転日数は**在庫金額÷1日の売上原価**で求めることができます。具体的に図表の4月を例にとると，在庫金額が実績で400（千円），販売が実績で800（千円）ですが，販売は1カ月の金額のため，1カ月＝30日として1日に換算すると売上原価は800/30（千円）となります。これで在庫回転日数を計算すると「400÷（800/30）＝15」となり，在庫回転日数は15日となります。

　在庫の予実管理は，在庫量の適正性を管理することが目的です。計画に対して多すぎたり少なすぎたりした場合は，販売調整や生産調整を行います。

Q38 売掛金回収の管理方法

売掛金回収の管理方法について教えてください。

A **売掛金の管理**は，現金収支管理の中でも特に重要です。もし業績好調な企業でも黒字倒産する可能性があるとすれば，この売掛金回収ができなかった瞬間でしょう。特に業界の中核となる企業が破綻すると，その企業と傾注取引している企業が「連鎖倒産」するケースがよくあります。したがってトップマネジメントが日常のオペレーション上で常に注意を払うためにも，レポートとして見えるようにしておくことが重要です。

　図表38- 1は売掛金回収状況の管理表の例です。まず前提として，この管理表は，売掛金が期日までに回収できなかった「未回収金額」だけを管理する資料です。通常の売掛金残高を管理する資料ではありません。

　「前月末残」とは，回収遅延金額の前月までの残高で，そのうち当月回収した実績が右隣の「回収実績」です。当月発生分も同じで，当月発生した回収遅延金額と当月回収した実績です。遅延月数別は，遅延の長さに分けた金額の内訳です。当然のことながら，遅延月数が長くなれば長くなるほど，回収できない

[図表38- 1] 売掛金回収状況

	前月以前発生分		当月発生分		当月残	遅延月数別			
	前月末残	回収実績	当月発生	回収実績		1カ月以内	2カ月以内	3カ月以内	3カ月超
第一営業部	60,000	10,000	20,000	5,000	65,000	15,000	5,000	5,000	40,000
第二営業部	0	0	0	0	0	0	0	0	0
第三営業部	0	0	0	0	0	0	0	0	0
第四営業部	250,000	40,000	90,000	80,000	220,000	10,000	15,000	40,000	155,000
第五営業部	0	0	0	0	0	0	0	0	0
全社合計	310,000	50,000	110,000	85,000	285,000	25,000	20,000	45,000	195,000

リスクが高まります。

　ここからは具体的な管理のポイントを説明します。

①　全社として改善しているのか，悪化しているのか

　まず見るべきは表の**全社合計**です。「前月末残」と「当月残」を比較すると，良くなっているのか，悪くなっているのかが一目瞭然です。ここで改善が見られれば大きな問題にはなりませんが，もし悪化の傾向が見られれば放置できません。すぐに部門別の内訳を確認し，どこが悪化しているのかを特定し，対処する必要があります。

②　会社として強いアクションが必要か

　次に個別の対応を見ていきます。**当月発生分**に着目し，未回収が発生している原因を明らかにし，対応の方向性を決めます。たとえば単に手続きのミス等で回収が遅れている場合は直ちに是正すればすみますが，取引先とトラブルになっている場合や，取引先の資金繰りに問題がある場合は，会社として対応を決める必要があるかもしれません。場合によってはほかの取引を停止するといった強いアクションが必要かもしれません。

③　回収不能とすべきか

　回収が実質的に困難な場合には，会社として回収不能とするかを判断します。会計的に貸倒引当金を計上するかどうかは会計士と相談すべき話ですが，企業経営として未回収金額をどう扱うかは会計処理とは別に判断する必要があります。回収が実質不可能な場合は，将来の損失になる可能性が高いため，それを前提として資金繰りや利益計画を修正する必要があるからです。

Q39 Excel vs. パッケージソフト

予算管理を Excel で行っていますが，パッケージソフトのほうがいいのでしょうか？

A 　予算管理のパッケージソフトは数多く市販されていますが，Excel で行っている企業は意外と多いようです。実は予算管理はシステム化が遅れている分野の1つで，これには予算管理独特の理由があります。

① 企業によって管理の方法が異なる

まず予算管理のやり方が企業によってさまざまで，あまり統一されていないことがあげられます。たとえば会計処理や勤怠管理などは，どの企業でもだいたい同じような管理をしているため，企業の多くは市販の会計ソフトや勤怠管理ソフトを使っています。また受発注業務や購買業務，在庫管理なども，業種業態によって管理方法に多少のばらつきはありますが，少なくとも業種単位で見れば，ある程度共通性があります。

それに比べて予算管理はばらつきが大きい業務です。同じ製造業でも企業によってかなり異なった観点で管理をしています。そのためパッケージソフトを導入しようとしても，なかなか自分たちに合ったソフトが見当たらず，検討の段階で諦めることが多いのです。

② 組織や管理方法の変更に対応が必要

予算は組織のマネジメントツールでもあるため，組織が変更になると予算管理の枠組みも変更になります。企業によっては1年に何度も組織を変更する場合もあり，そのたびにシステムの変更が必要になることから，自分たちで簡単に変更ができる Excel などの簡易ツールに頼ることになります。

また管理方法の変更も頻繁に起きます。たとえば費用について直接費と間接

費の区分を変更したり，コストの配賦基準を実態に合わせて是正したり，また問題のある項目について管理を細かくしたり，状況に応じて1年に何度も見直すことがあります。そうすると柔軟な簡易ツールが求められるわけです。

③　繰り返し業務が少ない

　システムはルーチン業務，繰り返し業務に威力を発揮します。たとえば毎日何十件，何百件と繰り返す受注業務や発注業務などはシステム化に適しています。同様に仕訳データや勤怠データの入力など毎日同じような処理を繰り返す業務もシステム化すべき領域となります。

　一方，予算管理は基本的に年次サイクルであり，予算編成は年に1度しかなく，月次管理も年に12回しかないため，他の日常業務に比べると反復性が低い領域です。そのためシステム化しても，あまりコスト削減効果が取れないわけです。

　以上の3つの理由から表計算ソフトを使っている企業がいまだに多いのが現状です。したがってExcelとパッケージソフトのどちらがいいかは一概には言えず，上記のような理由を理解した上で，自社の状況に適したツールを選定することが重要です。

Q40 予算管理システムの特徴

予算管理システムのメリット・デメリットを教えてください。

A 　予算管理を Excel で行っている企業がいまだに多い現状は前述しましたが，大手企業ではパッケージソフトを活用しているところも少なくありません。これは企業規模がある程度大きくなると，Excel での管理に限界が出てくるからです。ここでは予算管理のパッケージソフト，いわゆる**予算管理システム**について，そのメリットとデメリットを説明します。

　予算管理システムとは，各部署で独自に管理・散在しがちな予算管理データをサーバーで一元的に管理し，専用のソフトウエアで処理するシステムです。予算管理システムには，Excel と比較して次のようなメリットがあります。

①　一元管理によりデータの信頼性を担保

　Excel などでバラバラにデータを管理すると，どのデータが正しくて，どのデータが最新なのかがわからなくなりがちです。予算管理システムはデータをサーバーで一元管理するため，サーバー上のデータが常に「正」となり，またバージョン管理によって最新データと修正履歴が整理されます。

②　エラーチェック機能によりヒューマンエラーを排除

　予算管理システムの入力画面は，一般的にエラーチェック機能が施されており，入力ミスの多くを未然に防ぐことができます。たとえば入力が必須の項目が未入力であったり，誤ったデータが入力されたりするとエラーが表示され，保存ができない仕組みとなっています。

　一方，Excel は通常どんなデータでも入力できてしまうため，最後の最後になって未入力や誤入力が見つかり，大きな手戻りになります。

③　処理作業の効率化，高速化

　予算管理システムでは，データとレポートが連動しているため，一元管理されたデータからリアルタイムにレポートを見ることができます。Excel ではさまざまな集計作業を経てようやくレポートに仕上がります。データに修正が入ると，集計作業をやり直さなければなりません。予算管理システムは，そういった作業コストを削減できるだけでなく，鮮度の高いデータを活用できるようになります。

④　多様な分析機能

　予算管理システムには，さまざまな分析機能，レポート機能が装備されています。このような機能を駆使することで，これまで気づかなかった問題点がわかるようになったり，多次元分析やドリルダウン機能などによって深い分析ができるようになったりします。

　以上，大きく 4 つのメリットを説明しましたが，デメリットもあります。
　1 つ目は費用面です。Excel であれば追加費用はかかりませんが，予算管理システムの導入は追加費用となります。予算管理にかかる業務量がそれほど大きくない中小企業などでは費用対効果が出ないかもしれません。ただ最近は中小企業向けの安価なクラウドサービスも出ているので，幅広く調査してみる価値はあります。
　2 つ目のデメリットは柔軟性です。予算管理は組織や管理方法の変更による影響をストレートに受ける特徴があります。スタートアップ企業や変化の激しい業種業態では，システムのメンテナンスのほうが大変となるかもしれません。導入コストだけでなく，システムの修正負荷やランニングコストについても考慮が必要です。

Q41　RPA の活用方法

最近ロボットの活用を耳にしますが，予算管理でも使えるので
しょうか？

A 　近年，デスクワーク業務にロボットを導入する企業が増えています。
ロボットとは RPA というソフトウエアのことですが，雑誌や Web で
も多く取り上げられているため，ご存じの方も多いのではないでしょうか。

RPA とは Robotic Process Automation の略で，パソコンで行うデスク
ワーク業務をロボットが人間に代わって行うソフトウエアです。ソフトウエア
にもかかわらず，なぜロボットと呼ばれているかというと，人間が行う作業を
代替しているからです。

予算管理は RPA が活用できる業務の1つです。ここでは予算管理における
RPA の活用方法について解説します。

予算管理に RPA が適している理由は主に2つあります。1つ目は，RPA の
特徴であるプログラミングが不要なところです。一般のシステムでは技術者で
なければ開発や修正ができませんが，RPA の場合はユーザー自身でロボットの
作成や修正ができます。したがって予算管理のように変更が頻繁に発生する業
務では RPA のようなユーザー向けのツールが適しています（なおユーザーが
RPA を使えるようになるには，一定のトレーニングが必要です）。

2つ目は，企業固有の業務を自由に自動化できる点です。予算管理は企業に
よってやり方にかなりばらつきがあるため，自社に適した予算管理システムを
探すことは簡単でありません。しかし，RPA であれば現行業務をほとんどその
ままロボットに代行させることができるため，パッケージソフトに比べて適合
性が圧倒的に高いわけです。

RPA が得意な領域は，「手順が決まっていること」と「繰り返し業務である
こと」の2条件を満たす業務です。ロボットなので業務の手順がはっきりと決

まっていなければ動けません。また何度も繰り返す業務でないとコスト削減効果が出ません。このことから考えると，予算管理でRPAが活躍できる領域は**月次の予算統制業務**です。

　典型的な例としては**図表41-1**のように，**①データ入力作業，②問い合わせ作業，③レポート作成作業**の3業務です。なお予算編成業務は年に1度しかないため，繰り返し業務といっても頻度が低すぎ，投資対効果はあまり期待できないでしょう。

　予算管理のやり方は企業によってさまざまで，利用しているシステムも異なることから，一概にRPAの活用方法を示すことは難しいのですが，1つの典型的な例をもとにRPAの活用イメージを説明していきます。

[図表41-1]　予算管理業務におけるRPAの活用

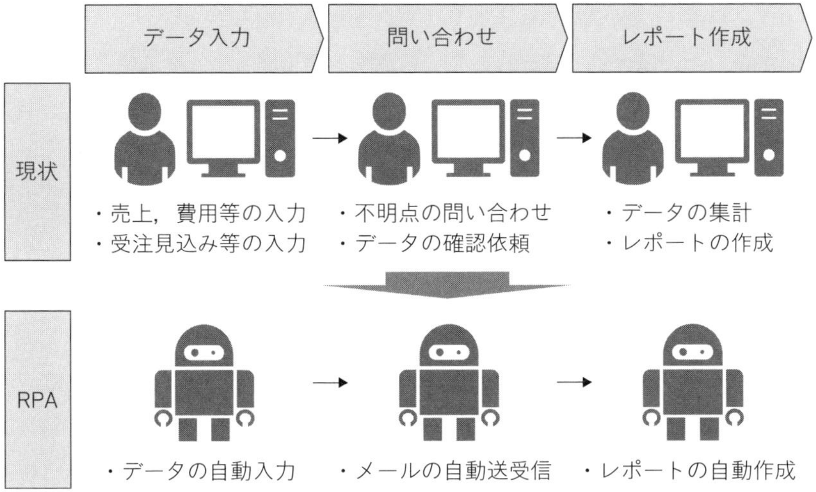

①　データ入力作業

　まず予算統制の前段の作業として，売上や費用などのデータを販売管理システムや原価管理システムなどに入力する業務があります。通常は事務員が伝票

や Excel 表を見ながら，パソコンでデータを手入力しますが，このような入力作業は RPA 活用の典型例です。

　ただし RPA が処理できるのはデジタルデータだけなので，紙の伝票や紙の請求書を見て，システムに入力することはできません。特に中小企業などでは，いまだに手書きの伝票や FAX が中心となっているところも多く，ただちに RPA を活用できる状況にはないかもしれません。その場合は，まず**デジタル化**や**ペーパーレス化**を進めることから着手する必要があります。

　筆者も中小企業に対して RPA による業務効率化のコンサルティングを数多く行っていますが，たとえば FAX で注文を受けているクライアントに対しては，元の Excel や PDF ファイルをメールで送ってもらうように取引先と交渉してもらい，少しずつデジタル化を進めていただいています。もちろん AI -OCR などを使って紙の情報をデジタル化する方法もありますが，これは一時しのぎに過ぎず，根本的な解決策ではありません。最初からデジタルデータで取引することのほうが，結局のところ手間も費用も省くことになります。

　そもそも RPA はパソコン上で動くソフトウエアのため，デジタル化が前提となっています。逆に言えば，デジタル化が遅れている企業であれば，RPA の導入を 1 つの契機として，デジタル化を推し進めるというのも 1 つの考え方ではないでしょうか。

②　問い合わせ作業

　月次の締めが近づくと，入力データの確認作業に入ります。通常，経理部門は，未入力の部署に催促の連絡をしたり，データの入力ミスと思われる部分について担当部署に問い合わせをかけたり，確定の前にデータの最終確認を依頼したり，さまざまな問い合わせ作業を行います。このような問い合わせ作業の多くはルーチン業務のため，RPA に代替することができます。

　RPA の動きを理解するために，未入力の部署に催促の連絡をする作業を例にとって説明します。**図表41-2** がそのイメージです。まず RPA は自分でシステムにログインし，未入力の項目を検索します。ログイン ID やパスワード，未入

［図表41-2］　未入力に対する RPA の作業イメージ

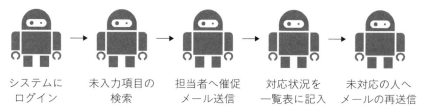

| システムに
ログイン | 未入力項目の
検索 | 担当者へ催促
メール送信 | 対応状況を
一覧表に記入 | 未対応の人へ
メールの再送信 |

力の定義は，あらかじめ RPA に設定しておきます。

　RPA は未入力項目を見つけると，催促のメールを送る作業に入ります。まず担当者のメールアドレスを調べ，メールソフトを起動し，メールに定型の文書を書き込み，催促メールを送信します。その後，RPA はシステムの入力状況を定期的にチェックし，対応状況を Excel の一覧表にまとめます。未入力のまま放置されている場合は，リマインドのメールを再送します。RPA は未入力がなくなるまで，何度でも担当者へメールを送り続けます。

　この例からわかるとおり，RPA は人間と同じように，パソコン上でシステムにログインし，検索し，メールを送り，管理資料を作成します。RPA の特徴は，パッケージソフト，メールソフト，Excel など，異なる複数のアプリケーションをまたいで作業ができるところにあるのです。

③　レポート作成作業

　月次の締め処理が終わると予実管理のレポートの作成に入ります。通常，レポートの作成には，さまざまなアプリケーションからデータをダウンロードし，集計する必要があります。たとえば財務データは会計ソフトから，受注データは販売システムから，営業データは SFA からといったように，データの収集や集計にはかなりの手間がかかります。これらの作業はルーチン業務のため，RPA に代替することが効果的です。

第 **4** 章

近年の新しいマネジメント手法

Q42 予算不要論とは

Q43 予算を廃止した企業事例

Q44 日本における予算不要論

Q45 バランス・スコアカードの概要

Q46 予算とバランス・スコアカード
　　 の関係性

Q47 ローリングフォーキャストとは

Q48 ローリングフォーキャストの
　　 問題点

Q49 活動基準予算管理（ABB）の
　　 概要

Q50 シリコンバレー流 OKR とは

Q42 予算不要論とは

予算不要論というものがありますが，どのような理論でしょうか？

A 予算不要論は，英語では Beyond Budgeting と言いますが，要は予算管理には問題が多すぎるため，予算管理は廃止すべきだという考え方です。だたし，単に予算管理をやめるのではなく，予算管理に代わる新しいマネジメント手法を提唱しており，非常に興味深い内容です。

予算不要論が指摘する予算管理の課題とは主に次のような点です。

・最低の目標値を勝ち取るために社内交渉が最優先される
・行き過ぎた目標達成主義によって実績操作も正当化される
・社員同士は競争関係にあるためお互いに協力しようとしない
・ビジネスチャンスがあっても予算どおりのことしかやらない

これらの課題に対して，予算不要論の提唱者であるジェレミー・ホープとロビン・フレーザーは，従来の予算管理に代わって，**変化適応型プロセス**によるマネジメントを提案しています。

変化適応型プロセスとは，従来の予算管理が社内交渉によって目標を設定し，固定された目標の達成度に応じて業績評価をする方法であるのに対し，顧客や市場の変化に適応する代替的な管理のプロセスを指します。この新しいマネジメントモデルには，次の6つの原則があるとしています。

① 相対的改善を狙ったストレッチな目標設定

従来の目標設定では，いかに低い目標を交渉できるかが重要で，ストレッチな目標設定をすることは明らかに損でした。変化適応型プロセスでは，社内の

交渉によって目標を決めるのではなく，「競合他社との比較」によって目標を決めます。

　野球を例にとると，ゲームに勝つためには相手チームより点数を多く取らなければいけません。3点取ればよいという固定的な目標ではなく**相対的**です。そのため各プレーヤーはより良いプレーをするために全力を尽くすことになります。

　競合他社との比較以外では，社内のチーム単位の相対的な業績改善に基づいて目標設定する方法もあります。たとえば地域，支店，工場ごとに競争させ，上位に入ることを目標とするなどです。このような相対的な目標設定は，目標値を下げるという無駄な交渉をなくし，また目標をクリアすればそれ以上努力しないという弊害を取り去り，よりストレッチな意欲を引き出すことができるわけです。

②　相対的な高さに基づいて事後的に評価する

　事前に合意された固定的な目標に対する達成度で評価するのではなく，他社や前年実績などと比較した「相対的な高さ」によって評価をします。考え方は①の相対的な目標設定と同じで，相対的な高さに基づいて報酬を決めるという方法です。相対的に評価するため，事後的にしか評価結果はわかりません。

　また個人ではなく，チーム全体を評価することも効果があります。チーム単位で相対評価を行い，個人ではなくチームに対して報酬を決定することによって，多くの組織に蔓延している「自分の縄張りを守る」という意識を取り除く効果があります。

③　アクションプラン策定を継続的かつ包括的なプロセスにする

　予算を中心に事業を行うと，計画が会計年度の「1年」という単位に縛られてしまい，向こう1年の行動を決定してしまいます。しかし経営環境は常に変化しているため，アクションプランは継続的に作成し，修正するほうが望ましいわけです。また戦略的な事項については，1年という単位は適切ではなく，

むしろ3年，5年単位で計画の策定と修正を行うべきです。

　アクションプランの策定を継続的なプロセスにすることによって，管理職は数字の交渉や決められた計画を実行することよりも，変化への対応と，顧客や株主の価値を創造することに専念するようになります。また戦略策定プロセスは各部門に移譲することも重要です。変化に適応するためには，市場に一番近いところで戦略策定と修正を行える権限が必要となるからです。

④　経営資源は必要な時に利用可能とする

　従来の予算管理では，リソースの予算配分は予算編成時に承認手続きが行われ，年間で固定されていました。後から追加で予算をとることは難しいため，各部署は予算編成時に必要以上に要求しようと考えてしまいます。また獲得した予算は使い切ろうとします。なぜならば予算が残ると，過度に要求したことへの責任が追及され，次年度の予算がカットされる可能性があるからです。

　変化適応型プロセスでは，必要となる経営資源は予算に基づいて事前に配分するのではなく，ルールに基づいて必要な時に必要なだけの資源を利用できるようにします。ここでいうルールとは，一般的には投資対効果を表すKPIと一定のガイドラインを指します。このルールに基づいて事業部門でかなりの権限をもって承認できるようにします。

⑤　顧客ニーズに対応する社内横断的行動の調整

　部門横断的な調整は年次予算で行うのではなく，「顧客ニーズ」に基づいて，社内横断的行動をダイナミックに行います。部門横断的な調整は，従来は予算編成の調整機能でまかなってきました。しかし予算を用いないマネジメントではこのような計画が存在しないため，顧客ニーズの変化に合わせてタイムリーに社内横断的な調整を行います。

　固定的な計画では，製造部門が生産能力を最大化しようとし，在庫の積み増しによって廃棄損が発生したり，顧客のニーズへ正確に応えることが後回しになったりしました。予算を廃止した企業では，顧客ニーズに応えることを組織

の共通の目的にし，各部門が協力して対応しようとする風土を生み出しています。

⑥　効果的なガバナンスと相対的な評価指標によって管理する

　予算に対する固定的な評価ではなく，相対的な評価基準による効果的なガバナンスによって管理をします。従来の予算管理では，予算と実績の対比で管理するのが一般的でしたが，予算を廃止した企業では複数のツールを併用して管理を行っています。

　その1つは**ローリングフォーキャスト**であり，将来の業績を迅速かつ正確に見通すことに役立てています。**バランス・スコアカード**のようなKPIを用いた管理も主流で，過去の業績や将来の予測を確認しています。また業績のランキング一覧表を作成し，マネージャーが自分の相対的順位を確認できるようにしているケースもあります。

　以上の6原則が予算不要論の骨子ですが，ホープとフレーザーは**組織の分権化**の重要性も提唱しています。これは組織を本社中心ではなく，責任と権限を徹底的に現場へ移譲し，現場中心にすべきだという考え方です。

　従来の組織では，あらゆる情報を本社に集め，本社が最終的な意思決定をする体制が主でした。しかし，新しいマネジメントモデルでは，戦略立案や意思決定は，顧客に一番近いところにいる従業員に任せるべきとしています。従業員に十分な責任と権限が与えられると，従業員は自らの業績を改善することに動機づけされるからです。

124

Q43 予算を廃止した企業事例

実際に予算を廃止した企業は，どうやって管理しているのでしょうか？

A 予算管理を廃止した企業はヨーロッパを中心に多く存在します。予算を廃止した企業は，決して予算不要論に賛同して廃止したわけではなく，理論が注目されるよりも前から予算をとりやめ，そしてうまく管理を行っています。予算不要論は，それらの企業を研究し，体系化しているにすぎません。

予算管理をやめた事例としてホープとフレーザーが紹介している企業に，スウェーデンのスベンスカ・ハンデルスバンケンという銀行があります。この銀行は北欧4カ国とイギリスに550の支店を持ち，1970年の初めに予算管理を廃止して以降，好業績を維持しています。ここでは，この銀行を例にとり，管理のポイントを説明します。

① 権限移譲された組織

組織はフラットであり，CEO，地域ブロックマネージャー，支店長の三階層しかありません。社員にオーナーシップを持たせるため，約600に及ぶプロフィットセンターを設けています。下部組織への権限移譲が進んでおり，たとえば各支店は自由に手数料や値引きを設定でき，どの商品を販売するかも決定できます。支店長にはスタッフを採用する権限や給与を決定する権限が与えられており，設備や不動産リースを交渉するなどの裁量も与えられています。

② 相対的な業績評価

支店はコスト削減，顧客満足，売上増に責任を持ちますが，売上目標は存在しません。評価は支店同士の相対順位で決まります。支店は11の地域ブロック

に分けられ，スポーツのリーグ戦のように各支店が競い合います。支店同士は費用対収益比や行員1人当たりの利益で争い，リーグ成績表と呼ばれる一覧表に各支店の順位が公表されます。

しかしリーグ成績表によって報酬が決まるわけではありません。好成績により得られるものは，同僚や他支店から称賛されるという精神的な報奨です。これではモチベーションが上がらないのではと心配になりますが，実際には支店同士のプレッシャーにより，リーグ成績表の下位で低迷するわけにはいかず，いい意味で社内競争が機能しているといいます。

[図表43-1]　リーグ成績表のイメージ

順位	支店名	総合評価	売上高順位	コスト削減率	顧客満足度	利益/1人
1	支店C	925	1	9.3%	88.5%	€218,440
2	支店F	886	4	9.4%	83.6%	€186,988
3	支店L	871	2	6.3%	79.8%	€193,512
:	:	:	:	:	:	:
25	支店A	660	23	3.0%	67.6%	€145,920

③　情報システムとローリングフォーキャストの活用

経営管理の観点では情報システムがかなり充実しています。過剰な割引，他行に鞍替えする顧客，異常な取引高のパターンなどを本社が監視できる仕組みを整えています。また四半期ベースのローリングフォーキャストを導入しており，キャッシュ・フローが改善しているのか，悪化しているのかをモニタリングしています。

Q44 日本における予算不要論

結局，予算不要論は日本で広まったのでしょうか？

A 予算不要論は1990年終わりごろに提唱され，世界中で注目を集めました。そして日本でもホープとフレーザーの共著書「脱予算経営」が2005年に出版され，予算不要論の議論が活発化しました。しかし，この新しいマネジメントモデルは，これまでのところ日本では浸透していません。

日本でも予算を作らない企業もあります。第1章でも触れましたが，京セラでは予算を作成しておらず，アメーバ経営と呼ばれる独自のマネジメントモデルを採用しています。しかし京セラのアメーバ経営は予算不要論との関連で導入されたモデルではありません。

実際に日本のほとんどの上場企業は予算管理を導入しています。これは予算管理に課題があることを前提として，各社工夫をしながら予算管理を活用しているのが実態です。

たとえば行き過ぎた予算達成意欲によって不正操作を助長させるという課題に対しては，多くの企業が**内部通報制度**を導入してガバナンス強化に取り組んでいます。内部通報制度とは，企業内部の問題を知る従業員から情報提供を促し，同時に情報提供者の保護を徹底することにより，未然早期に問題把握と是正を図る仕組みのことです。消費者庁の調査によると，99％を超える大企業が導入しているようです。

また予算が社内競争をもたらし，社員同士が協力しなくなるという課題に対しては，協力した社員の双方が得をするような業績評価制度を導入し，社員間や組織間のコラボレーションを促進する取組みを行っています。たとえばA氏とB氏が協力して100万円の売上高を獲得した場合，予算管理ではA氏だけに100万円の売上高が計上されたとしても，業績評価上ではA氏とB氏双方に見

なしの売上高100万円を付与し，お互いが得をするような仕組みとするなどです。あまりやりすぎると予算管理と業績評価の数字に開きが出すぎて，実態とかけ離れてしまうといった問題も出てきますが，各社バランスを含めて工夫を重ねているようです。

Q45　バランス・スコアカードの概要

バランス・スコアカードを簡単に教えてください。

A　バランス・スコアカードとは，予算管理のように財務数値だけではなく，財務以外の視点を含めて，バランスよく評価する経営管理手法です。具体的には**財務の視点**に加えて，**顧客の視点，内部ビジネス・プロセスの視点，学習と成長の視点**という4つの観点で業績を評価します。バランス・スコアカードの「バランス」という意味合いは，財務と非財務，内部と外部，短期と長期の3つのバランスのことを指しています。

　従来の業績評価では，売上や利益といった財務の指標が中心のため，経営者の志向が短期的になりやすく，目先の利益のために品質や技術といった財務以外の側面が犠牲になることが問題視されていました。たとえば，短期的に利益を押し上げるためには，リストラなどのコストカットによって達成できます。しかし長期的には，リストラによって技術力やノウハウが失われ，従業員のモチベーション低下にもつながり，企業価値は損なわれることになりかねません。

　このように**財務に偏重**した業績評価には数々の問題点があるため，財務だけを評価するのではなく，将来の利益を生み出すプロセスや組織の価値も評価に入れるべきだというのがバランス・スコアカードの考え方です。

　バランス・スコアカードの登場は，ハーバード・ビジネス・スクール教授のロバート S. キャプラン氏と，経営コンサルタントのデビット P. ノートン氏が，1992年に「新しい経営指標：バランス・スコアカード」と題して，ハーバード・ビジネス・レビュー誌で発表した論文です。

　なぜバランス・スコアカードが必要なのかについて，キャプランとノートンはゼロックス社の事例を著書の中で取り上げています。古い事例ですが，財務偏重の弊害やバランス・スコアカードが注目されてきた背景がよく理解できま

すので，ここで紹介します。

① ゼロックス社の事例

　ゼロックス社は1970年代の中ごろまで，コピー業界で独占的な立場にいました。当時，コピー機は高額であることに加え，故障も多いことに顧客は不満を抱いていました。しかし同社の経営トップは顧客の不満に耳を傾けることはせず，むしろ利益を増大するための機会を追求していました。

　そこで同社は，故障した機器を修理する別会社を設立し，修理サービスの新事業を立ち上げました。修理サービスの需要は高かったため，この事業は大いに儲かりました。

　この結果，売上や利益といった財務指標は，あたかも戦略が大成功したかのように数値に表れました。しかし，顧客は相変わらず不満を抱いていたのです。顧客が望んでいたのは，素晴らしい修理サービスではなく，安くて故障しないコピー機だったのです。

　やがて日本や米国の競合他社が安くて故障しないコピー機を販売するようになりました。すると，不満を抱いていた顧客はゼロックス社から一斉に離れていき，同社は倒産寸前まで追い込まれる結果となってしまったのです。

[図表45-1]　ゼロックス社の事例

1960年代	～1975年	1975年～
故障が多いことに顧客は不満を抱いていた	修理サービスの新事業を立ち上げ，大いに儲かった	やがて日本や米国の競合他社が安くて故障しないコピー機を販売しはじめた
同社は品質改善よりも利益拡大の機会を探っていた	売上や利益などの財務指標は戦略の大成功を示した	不満を抱いていた顧客は離れ倒産寸前に追い込まれた

　このように財務指標は，企業の価値を必ずしも正しく反映するものではありません。また財務指標は，経営判断をするために十分な情報でないだけでなく，逆に財務指標をよくするための行動が長期的に企業の価値を損ねることすらあるわけです。

②　バランス・スコアカードの視点

　バランス・スコアカードは基本的に4つの視点で構成されます。ただし，視点については必ずしも4つと決まっているわけではなく，企業によっては5つ，あるいは6つに設定しているところもあります。ここでは基本的な4つの視点について概略を説明します。

　「財務の視点」は，いわゆる従来の財務諸表を中心とした評価です。バランス・スコアカードでは財務のみの評価では不十分としているものの，結果を表す重要な要素として財務指標を引き続き評価に含めています。主な評価指標としては売上高，利益率，ROE，ROA，FCFなどがあります。

　「顧客の視点」は，市場における顧客からの評価を表します。よく言われる顧客重視，お客様第一主義といった取り組みがこの顧客の視点に含まれ，単なるかけ声ではなく，その結果を数値として評価します。主な評価指標として，顧客満足度，市場占有率，新規顧客獲得率，既存顧客維持率，顧客クレーム発生率などがあります。

　「内部ビジネス・プロセスの視点」は，競合他社に対して優位性を確保するために重視するビジネス・プロセスを評価します。顧客の満足を勝ち取るためには，魅力的な商品やサービスを提供する必要があり，それはまさに社内のビジネス・プロセスの優劣から生まれます。また株主を満足させる高い財務力も同様にビジネス・プロセスの効率性にかかってきます。主な評価指標として，新商品投入件数，新商品売上高割合，設備稼働率，品質改善率，在庫回転率などがあります。

　最後に「学習と成長の視点」は，長期的に見た企業の成長と改善を表します。社内のビジネス・プロセスの向上を下支えする長期的な視点が，この学習と成

[図表45- 2]　バランス・スコアカードの 4 つの視点

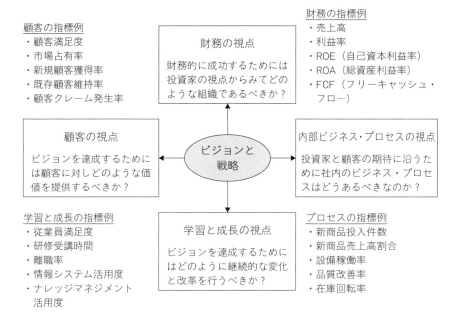

顧客の指標例
・顧客満足度
・市場占有率
・新規顧客獲得率
・既存顧客維持率
・顧客クレーム発生率

財務の指標例
・売上高
・利益率
・ROE（自己資本利益率）
・ROA（総資産利益率）
・FCF（フリーキャッシュ・
　フロー）

財務の視点
財務的に成功するためには
投資家の視点からみてどの
ような組織であるべきか？

顧客の視点
ビジョンを達成するために
は顧客に対しどのような価
値を提供するべきか？

ビジョンと
戦略

内部ビジネス・プロセスの視点
投資家と顧客の期待に沿うた
めに社内のビジネス・プロセ
スはどうあるべきなのか？

学習と成長の指標例
・従業員満足度
・研修受講時間
・離職率
・情報システム活用度
・ナレッジマネジメント
　活用度

学習と成長の視点
ビジョンを達成するために
はどのように継続的な変化
と改革を行うべきか？

プロセスの指標例
・新商品投入件数
・新商品売上高割合
・設備稼働率
・品質改善率
・在庫回転率

長の視点であり，特に人や組織，情報システムといった成長に比較的時間のか
かるインフラ的な要素が中心となります。主な評価指標として，従業員満足度，
研修受講時間，離職率，情報システム活用度，ナレッジマネジメント活用度な
どがあります。

③　戦略マップとスコアカード

　バランス・スコアカードは**戦略マップ**と**スコアカード**と呼ばれる 2 つのツー
ルを活用します。戦略マップとは，**図表45- 3** のように，各視点の戦略目標を 1
枚の因果関係図にまとめたものです。戦略マップは，個々の戦略目標の位置づ
けと，ビジョン達成までの道筋を明確化できるツールです。

　バランス・スコアカードは，戦略のコミュニケーションツールとして高い評
価を得ています。その理由は，この戦略マップのわかりやすさに起因します。

[図表45-3] 戦略マップのイメージ

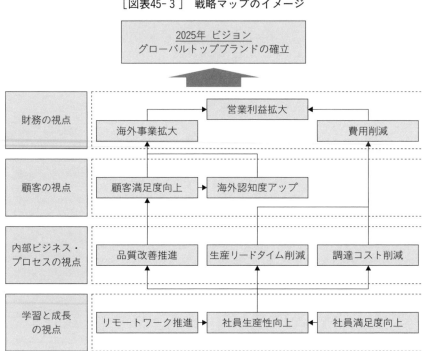

これまで戦略を記述する標準的なフォーマットというものはなく，さまざまな表現方法で戦略が表されてきました。したがって，受け取る人によって解釈は異なり，戦略という言葉自体も，何を指し示しているのかが不明確でした。この戦略の表現方法に，一定の共通フォーマットを提供したのが戦略マップです。少なくとも以前に比べ，戦略目標，業績評価指標，視点，因果関係といった用語が，何を示しているかが統一され，コミュニケーションがスムーズになったと言われています。

　この戦略マップに基づいて，具体的なKPIと目標を設定したものをスコアカードと呼びます（**図表45-4**）。ゴルフのスコアカードと同じように，ビジネスの成績を表すカードです。

　各戦略目標に対して，その目標の達成度合いを測定するKPIを設定します。

[図表45-4]　スコアカードのイメージ

視点	ウエイト	戦略目標	業績評価指標	目標値	実績値	達成率	ウエイト	評価
財務	40%	営業利益拡大 海外事業拡大 費用削減	営業利益率 海外売上高 費用低減率	16% 5,200億円 20%	14% 5,500億円 18%	88% 106% 90%	20% 10% 10%	17.5点 10.6点 9.0点
顧客	20%	顧客満足度向上 海外認知度アップ	顧客満足度 企業認知度	80% 50%	70% 47%	88% 94%	10% 10%	8.8点 9.4点
内部 プロセス	20%	品質改善推進 リードタイム削減 調達コスト削減	故障改善率 生産リードタイム コスト削減率	30% 12日 5.0%	35% 14日 4.2%	117% 113% 84%	10% 5% 5%	11.7点 5.6点 4.2点
学習と 成長	20%	社員生産性向上 リモートワーク推進 社員満足度向上	1人当たり売上高 情報化投資額 社員満足度	7,100万円 20億円 80%	6,800万円 15億円 77%	96% 75% 96%	10% 5% 5%	9.6点 3.8点 4.8点
							合計	94.9点

　図表中の「ウエイト」という項目は，視点あるいは指標ごとの「重みづけ」を表しています。視点や指標の重要性を評価の合計に反映させているのです。
　スコアの算出は，各KPIの達成率とウエイトによって行います。ただし図表のスコアカードはあくまで一例で，評価の計算にはさまざまな方法があります。たとえばこのケースでは，達成度を100%以上も含めて計算していますが，100%を上限にして計算する方法もあります。あるいは60%以下の達成率は0点にするなど，達成率と点数に傾斜をつけるケースもあります。

Q46 予算とバランス・スコアカードの関係性

バランス・スコアカードは予算とは別の手法なのでしょうか？
あるいは連動しているのでしょうか？

A バランス・スコアカードは**中期的戦略**を管理する手法であるのに対して，予算は**単年度の業務**を管理する手法です。したがってバランス・スコアカードと予算は別の手法です。しかし中期的な戦略と短期的な業務は連動しなければならないので，2つの手法をリンクすることで，より強力なマネジメントが可能となります。つまりバランス・スコアカードの中期的な目標を単年度予算の目標に落とし込み，中期的かつ戦略的な観点を含めた予算管理を行うことが理想的です。

[図表46-1] バランス・スコアカードと予算

	バランス・スコアカード	予算管理
管理対象	戦略中心	業務中心
時間軸	中期的（3〜5年）	短期的（1年）

　もともと予算は，中期経営計画などの中期的戦略から単年度予算へと落とし込むべきものです。しかし第1章でも説明したとおり，中期経営計画の基本戦略が予算とリンクしていないという課題が多くの企業で見られるのが現実です。

　そこでバランス・スコアカードを活用することにより，戦略がより具体的になり，定量的な目標が明示されるため，予算とのリンクがやりやすくなります。

　バランス・スコアカードと予算のリンクを難しく考える必要はありません。第1章で戦略を予算に落とし込む考え方を示しましたが，基本的にこれと同じです。**図表46-2**は具体的なイメージですが，バランス・スコアカードの戦略目標から「調達コスト削減」を例にとっています。戦略目標がこのようにハイレ

［図表46-2］　バランス・スコアカードと予算のリンク

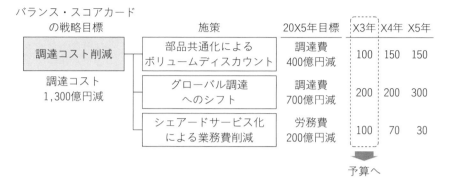

ベルな場合，まず具体的な施策にブレークダウンします。そして施策ごとに「調達費400億円減」などの中期的な目標を設定し，さらに単年度目標にブレークダウンします。この単年度目標を予算に盛り込めば，バランス・スコアカードと予算が整合します。

　なお予算編成において，バランス・スコアカードはインプットの1つにすぎないことに注意が必要です。バランス・スコアカードの管理対象はあくまで戦略中心であるため，戦略的重要事項ではないオペレーショナルな目標は含まれていません。たとえば販売費予算や材料費予算は業務的には大変重要ですが，戦略的テーマには入っていないかもしれません。

　一方，予算の管理対象は業務中心であり，部門，機能，費目の能率を管理するものであるため，バランス・スコアカードには出てこない業務的な課題を盛り込む必要があります。したがって，バランス・スコアカードと連動した予算を編成するには，バランス・スコアカードの戦略的な観点を予算に取り込みつつ，業務的な観点で予算全体を網羅する必要があります。

Q47 ローリングフォーキャストとは

ローリングフォーキャストが注目されているようですが，どのような手法なのでしょうか？

A **ローリングフォーキャスト**とは，年度単位で作成した予算や業績予測を1年間固定するのではなく，経営環境の変化に合わせて四半期などの短いタイミングで更新(ローリング)していく手法です。中には月次でローリングをかけている企業もありますが，一般的には四半期毎の財務諸表の開示に合わせて，四半期単位でローリングをかけます。

① ローリングフォーキャストの運用方法

運用方法にはいくつかバリエーションがありますが，典型例は**図表47-1**に表したような方法です。たとえば20X2年4月に5四半期分の予測を行った場合，最初の四半期が終わった時点で，そこから先の5四半期分の予測を行います。最初の3カ月分の実績をベースに，当初作成した残り4四半期分についても見直しをかけ，5四半期目の3カ月については，ここで初めて予測を立てることになります。このように，四半期ごとに直近の実績をベースにして，予測の見

［図表47-1］ ローリングフォーキャストのイメージ

	20X2年度				20X3年度			
	第1四半期	第2四半期	第3四半期	第4四半期	第1四半期	第2四半期	第3四半期	第4四半期
レビュー1（X2年4月）	予測	予測	予測	予測	予測			
レビュー2（X2年7月）	実績	予測	予測	予測	予測	予測		
レビュー3（X2年10月）	実績	実績	予測	予測	予測	予測	予測	
レビュー4（X3年1月）	実績	実績	実績	予測	予測	予測	予測	予測

直しを繰り返していきます。

②　ローリングフォーキャストの必要性１：環境変化への対応

　経営環境の変化が激しい現代では，１年先の予測が困難なことも多く，また環境変化に合わせて計画を修正しなければ実態と合わなくなるケースも出てきます。たとえば第１四半期で当初目標を大きく下回った場合，第２四半期以降の目標に現実感がなくなり，達成意欲を喪失させてしまう危険があります。

　また逆に，第１四半期が予想以上に好調な場合，企業としてはストレッチな目標へ切り替えなければビジネスチャンスを逸してしまいます。ローリングフォーキャストでは，従来の固定的な計画ではなく，より現実的な計画と予測に基づいて事業を展開することを狙いとしています。

③　ローリングフォーキャストの必要性２：中期的な計画性

　通常の予算では，年度末が近づくにつれて計画の対象期間が短くなっていき，年度末近くになると１～２カ月先までの計画しかない中で事業を行うことになります。

　ローリングフォーキャストでは常に同じ長さの将来期間を対象としているため，一定の中期的な観点をもって事業を運営するこができます。これは継続的な計画作りを習慣づける意味合いもあります。

　予算管理に慣れてしまうと，事業の計画は年に一度の行事となってしまいます。しかし現在の市場環境変化が激しい状況では，継続的な計画作りと見直しが重要となってくるわけです。

Q48 ローリングフォーキャストの問題点

ローリングフォーキャストにも問題点があるのでしょうか？

A ローリングフォーキャストにも問題があります。主なものとしては，①当初計画の責任があいまいになる，②世の中の年次サイクルを無視できない，の2つです。

① 課題1：当初計画の責任があいまいになる

そもそも四半期ごとに計画を変更していいのであれば，当初計画に対する責任はどうなるかという問題があります。従来の予算管理では1年先の目標にコミットしているため，仮に第1四半期が計画を下回っても，残りの期間で挽回するチャンスがあり，責任もあります。投資家からすれば，正確な予測を開示してもらうことも重要ですが，年初に約束した計画を実現してもらい，約束した配当を出してもらわないと困ります。

② 課題2：世の中の年次サイクルを無視できない

年度末にこだわらず，常に1年程度の先を見て活動するという考え方は大切なことですが，実際の世の中は年度単位で動いているため，どうしても年度に引きずられてしまいます。

いくらローリングフォーキャストで四半期単位の管理をしていても，本決算は年に1度，年度末に行わざるを得ません。企業にとって年度末は重要でないと考えても，投資家は企業の業績を年度単位で評価します。そしてボーナスの評価や昇給昇格も年度単位で行われるため，必然的に社長を含め社員は年度末を意識して活動せざるを得ません。世の中が年次サイクルで動いている以上，ローリングフォーキャストにはおのずと限界が出てくるのです。

　いくつか問題点はあるものの，欧米企業の多くがローリングフォーキャストを採用しており，その導入も進んでいる状況を見ると，課題を克服する余地は十分にあると考えられます。

　たとえば予測の変更に対しても，変更の履歴を見えるようにすることで，当初の責任をあいまいにしないという対応がとれます。また投資家に対する予測の開示と，社内の目標を使い分け，社内ではストレッチな目標を設定することによって，安易な妥協をさせない方法もあります。

　また世の中の年次サイクルに引きずられるという課題に対しては，投資家に対する配当を四半期単位にしたり，社員のボーナスや昇給昇格も四半期単位にしたりするなどして，四半期ベースのマネジメントを徹底することで対応できます。

140

Q49 活動基準予算管理（ABB）の概要

活動基準予算管理（ABB）について教えてください。

A 　**活動基準予算管理**（Activity Based Budgeting：ABB）とは，活動基準原価計算（Activity Based Costing：ABC）を予算管理に活用する手法です。ABB の理解には，その前提となる ABC および ABM（Activity Based Management）の理解が必要です。

[図表49-1]　活動基準予算管理の位置づけ

ABC 活動基準原価計算	ABC（Activity Based Costing）は，コストを活動に集計して配賦する原価計算手法
ABM 活動基準管理	ABM（Activity Based Management）は，ABC の分析データを利用して業務改善に応用する管理手法
ABB 活動基準予算管理	ABB（Activity Based Budgeting）は，ABC の活動を集計単位に予算を編成・統制する管理手法

① ABC とは

ABC（Activity Based Costing）とは，「活動」に着目した原価計算手法であり，日本語では活動基準原価計算と呼ばれています。従来の原価計算では，製造間接費をいったん製造部門に集計し，それを何らかの配賦基準（機械稼働時間や直接作業時間）に基づいて各製品へ配賦するのが一般的でした。それに対して，ABC では部門に集計するのではなく「活動」に集計します。そして，活動単位毎に適切な配賦基準で各製品へ配賦するという考え方です。

ABC が注目されるようになった大きな理由は，間接費の占める割合が以前よ

りも大きくなってきたことがあげられます。これは多品種少量生産の時代になったことや，工場がオートメーション化したことにより，製造原価全体に占める直接労務費の割合が低くなり，間接労務費の割合が高くなってきたからです。直接費が大部分を占めている時代であれば，間接費を大まかに配賦しても影響は軽微でしたが，間接費の割合が大きくなると，むしろ間接費を適切にマネジメントすることが重要になってきます。

　ABC の基本的な考え方は「すべてのコストは活動によって消費される」ということです。この考え方に基づき，コストをいったん活動に割り当て，活動を製品原価へ配賦するという方法をとります。直接費は割り当て対象が明確なので，活動には割り当てず，そのまま直課します。ABC の対象は間接費です。

　図表49-2 は ABC のコスト配賦方法の例です。まず製造間接費（リソース）の発生する要因となる活動（アクティビティ）を特定します。製造の場合では段取，運搬，検査などがその活動に該当します。次に，間接費を最も関連の深い活動に割り当てます。さらに，各活動のコストを配賦するのに最適な配賦基準（アクティビティドライバー）を設定し，製品原価（コストオブジェクト）へ配賦します。このような活動に応じた間接費の配賦により，従来の原価計算よりも実態を反映した原価の算出が可能になります。

[図表49-2]　ABC のコスト配賦方法（例）

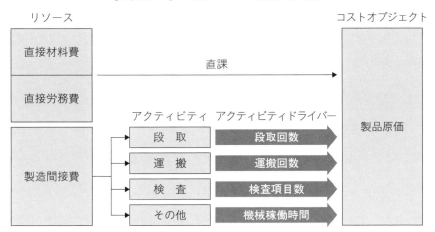

② ABMとは

ABM（Activity Based Management）とは，ABCの考え方をさらにマネジメントに活用する手法です。つまりABCによる原価計算を利用して，経営判断や業務改善に役立てるものです。

ABCは従来の原価計算に比べて「より正確なコスト」を把握する仕組みです。たとえばある製品の原価について，従来の原価計算では100円であったものが，ABCで計算すると実際には120円であったことがわかるわけです。このことは，単に正確なコストが算出できたというだけではすまず，従来とは異なる対応や判断が必要になってきます。ではABMによってどのようなマネジメントができるのでしょうか。

まず**価格政策への活用**です。先の例で100円と思っていたコストが120円であった場合，製品の利益が変わってくるため，価格が不適当であった可能性があります。儲かっていると思っていた製品が実は赤字であったり，赤字と思っていた製品が実は利益の柱であったりするわけです。そのためABMでは，正確なコストに基づいて価格を適正化するなどの「価格政策への活用」が可能となります。

2つ目は**営業戦略への活用**です。ある銀行では，顧客企業への融資にかかるコストをABCによって計算し，融資案件の収支を算出してみました。これまで同行では，営業やバックオフィス業務のコストがどんぶり勘定で，融資1件にかかる本当のコストが把握できていなかったからです。

するとこれまで大手企業に対する大型融資が最も儲かると考えられていましたが，実際には大手企業は販売コストや管理コストがかかる割に利ざやがとれず，むしろ利益の大部分が中小企業から得られていることがわかりました。この結果を受けて同行では営業戦略を見直し，利益に応じた営業活動とサービス提供を戦略的に行うようになったのです。

なおABCは原価計算の1つであるため，製造部門の原価計算のみが対象と思われがちですが，正確なコストを把握するという意味では上記の銀行の例の

ように非製造分野でも活用できます。

③　ABB による予算管理への活用

　ABB（Activity Based Budgeting）は ABC を予算管理に活用する手法です。ABC は活動を集計単位とした原価計算の手法ですが，同じように ABB でも活動を集計単位に予算を編成し，統制を行います。たとえば製造間接費の「運搬」という活動を ABC によって計算すると，運搬 1 回当たりのコストが算出できます。この運搬コストを予算に組み込み，運搬という活動単位の予算差異分析を行い，**活動のコスト改善**へ役立てるわけです。

　予算管理へ ABB を組み込むということは，これまでの予算管理に加えて「活動」という新たな切り口が追加されることになるため，予算管理にかかる業務負担が増えることが懸念されます。しかし原価計算で ABC を導入している企業であれば，すでに活動の定義やコストの割り当て方法は確立されているはずなので，予算管理へ組み込む追加負担はそれほど大きくないと考えられます。

　ただし本格的に ABB を導入する場合は，管理によるメリットと管理負担によるデメリットをよく勘案し，どれくらい精緻に活動やコストの割り当てを行うかを決める必要があります。そのためには特に改善可能性の高い活動，つまり改善余地が多分にあり，管理することによって改善が期待できる活動にフォーカスすることがポイントです。

　ABB の活用は，本社部門の生産性を向上させるためにも役立ちます。経理部門，人事部門などの本社業務は，業務内容が見えづらく，製造部門に比べて原価管理がしっかりできないのが特徴です。ABB によって活動を可視化することは，コストの妥当性検証や改善につながります。このような活用方法を一般的に**ホワイトカラーの生産性向上**と呼びます。

　本社部門の活動とは，経費精算，請求支払，入金確認などの各業務です。たとえば経費精算 1 件の処理コストを把握している企業はどれだけあるでしょうか。ABB は予算の検討段階で本社業務に対して「コストに見合った価値があるか，コスト削減余地はないか」という視点を提供するでしょう。

Q50 シリコンバレー流OKRとは

OKRという手法が出てきています。どのような手法でしょうか？

A OKRとは，Objectives and Key Resultsの略称で，目標管理手法の1つです。米国のインテル社で生まれ，グーグルやFacebookといった有名企業が取り入れていることから近年注目を集めています。OKRの特徴は，チームや個人の目標をメンバーで共有し，毎週のようにコミュニケーションしながら目標達成のモチベーションを維持するところにあります。

① OKRの構成

OKRは基本的に**図表50-1**のように1つのObjective（目標）と3つ程度のKey Result（主な結果）で構成されます。

Objective（目標）は次の条件を満たす1つの文とします。

- ・定性的でメンバーを鼓舞するような内容
- ・1カ月～3カ月で実現できるもの
- ・チームで独立して実行できること

［図表50-1］　OKRの基本（例）

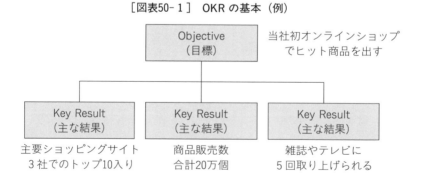

Key Result（主な結果）は次の条件を満たすようにします。
・Objective の感覚的な言葉を定量化した指標（数は 3 つ程度）
・難しいが不可能ではないストレッチな目標値（達成できる自信が半分）
・60～70％の達成度で成功とする

②　自信度を設定

Key Result には目標達成に対する「自信度」を設定します。1 ～10のスケールで示し，自信度 1 は「絶対できない」，10は「絶対できる」とし，それぞれの Key Result に「5 /10」，「8 /10」といった形で，感覚的な自信度を設定します。

③　スコアリング

OKR で設定した期間が終了した後，達成度をスコアリングします。それぞれの Key Result の達成度を平均して，Objective のスコアとします。スコアは社員の人事評価と結びつけることはなく，次回の OKR への検討材料として使用します。

④　OKR の運用方法

毎週月曜日に**チェックイン・ミーティング**を開き，OKR の進捗チェックを行います。また今週やるべき重要な作業を話し合い，優先順位を確認します。その他，OKR 自信度の変化を確認するなど，今週 1 週間をより良く活動するための準備を行います。

金曜日は 1 週間の成果を共有する**ウィン・セッション**を開きます。見せられるものは何でも見せ合い，勝者を讃えるようにメンバーを盛り上げます。ビールやケーキなどの飲食物を提供するのも良いとされています。

全体レビューとして，期間 3 カ月の OKR であれば1.5カ月後に中間レビュー，3 カ月後に OKR のスコアリングと最終レビューを行います。また，最終レビューを基にして，次の期間の OKR を設定します。

第 5 章

注目の KPI マネジメント

Q51 KPI マネジメントの必要性

Q52 予算と KPI マネジメントの
関係性

Q53 バランス・スコアカードとの
違い

Q54 KPI の作り方・選び方

Q55 KPI と KGI の違いと相対性

Q56 KPI マネジメント成功のコツ

Q57 KPI マネジメントの伝説的
事例

Q51 KPIマネジメントの必要性

KPIマネジメントが注目されていますが, 具体的に何がそれほどよいのでしょうか?

A KPIは Key Performance Indicator の略で, **重要業績評価指標**と呼ばれます。結果につながる重要なプロセスの進捗を測定する指標です。**KPIマネジメント**とは, KPIを活用して効果的に組織マネジメントを行う手法です。

KPIが結果に対する進捗をみる指標であるのに対して, 結果そのものの達成状況をみる指標をKGIと呼びます。**KGI**とは, Key Goal Indicator の略で, **重要目標達成指標**と呼ばれます。KGIとKPIの関係を, 営業部門を例にとって示すと**図表51-1**のようになります。

[図表51-1] KGIとKPIの関係性

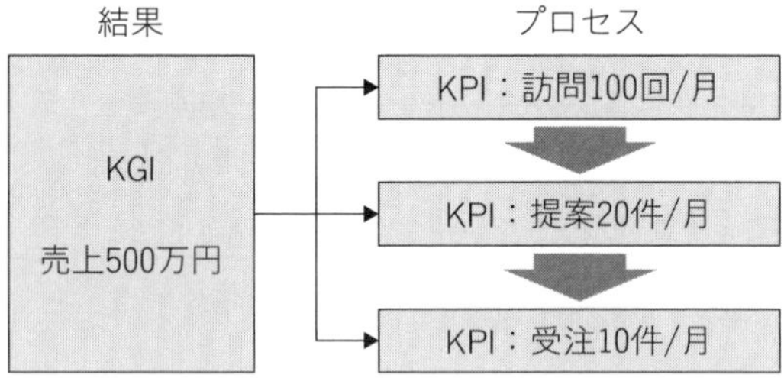

KGIは売上500万円という結果です。その結果を生み出すために, できるだけ多くの顧客を訪問し, そこから提案につなげ, 受注に結び付けるという作戦です。このような結果を生み出すためのプロセスを測定する指標がKPIで, 図表では訪問回数や提案件数に該当します。

KPIマネジメントを活用するメリットは数多くありますが, 特に重要なメリットは, ①組織的な活動を推進できる, ②進捗状況に応じた早い対応がとれ

る，③打ち手の仮説検証ができる，の３つです。

①　組織的な活動を推進できる

　営業部門で売上500万円を目標にしただけでは，営業マンは具体的にどのような活動をすればいいかイメージが湧きません。個人に活動を任せた状況となり，組織的な活動にはなりません。しかしKPIとして訪問回数や提案件数が設定されると，営業マンの活動は明確になり，組織的な活動になります。

　管理者も活動レベルで指示やアドバイスが可能となります。訪問回数が足りない営業マンと，訪問回数が多いわりに提案につながっていない営業マンとでは，指示やアドバイスが変わってくるはずです。KPIによって組織の活動を明確化するとともに，活動レベルのマネジメントができるようになるわけです。

②　進捗状況に応じた早い対応がとれる

　KGIとKPIにはタイムラグが発生します。売上のようなKGIは結果指標であるとともに，遅行指標でもあります。**遅行指標**とは，時間的に遅れて表れる指標を指します。一方，訪問回数のようなKPIは**先行指標**であり，時間的に早く表れる指標です。訪問をしてから売上になるまでに，かなりのタイムラグがあるからです。

　売上だけを指標として管理をしていると，かなり時間がたってからでなければ状況がわかりません。時に手遅れともなりえます。したがって将来の売上を生み出す「現在の活動」を管理することは，時間的に早く状況を把握すること

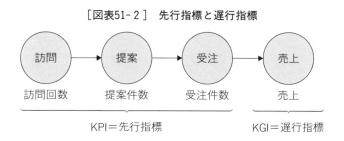

[図表51-2]　先行指標と遅行指標

ができ，したがって早く手を打つことが可能となるわけです。

　たとえば売上が計画を下回っていたとしても，受注件数が十分に積み上がっていれば心配する必要はありません。また受注件数が少なくても，訪問回数や提案件数が順調であれば，大きな問題ではないでしょう。逆に売上が計画どおりでも，提案や受注が予定を大きく下回っていれば，すぐにでも手を打たなければなりません。

③　打ち手の仮説検証ができる

　先の営業部門の例で，訪問回数を100回/月と設定していましたが，この100回というのは仮説にすぎません。もしかすると50回でもよいのかもしれないし，150回のほうがよいのかもしれません。多ければ多いほどよいというものではありません。訪問だけ回数を増やしても売上にならないからです。では何回が正解なのでしょうか。これはやってみなければわかりません。最も効果的な回数を把握するためには，KPIによるPDCAサイクルを回すことが必要になってきます。

　たとえば，まず訪問100回でスタートしてみて，100回では次の提案20件につながらなかったとします。そこで訪問を120回に増やしてみます。それでも提案20件につながらなかったとしたら，訪問回数が多すぎて提案に時間が足りなかったのかもしれません。そこで訪問を80回に減らしてみます。このようにKPIのPDCAサイクルをぐるぐる回して，試行錯誤を繰り返すことによって，最適解を探せば良いのです。

　これはKPIがなければ正確な仮説検証はできません。何となく「今月は訪問が少なかったかもしれない」といった定性的な分析では，打ち手のクオリティは上がってきません。数カ月すると以前のことは忘れてしまうでしょう。そうではなく，データを積み上げることが重要なのです。過去データの蓄積が，打ち手のクオリティを正確かつ継続的にアップさせるのです。

　ここまではKPIの**目標値**の話をしましたが，**打ち手**そのものの仮説検証も重要です。そもそも訪問回数，提案件数，受注件数をKPIとした理由は，「訪問回

数を増やせば提案機会が増えるはずだ」,「提案機会を増やせば,受注も増えるはずだ」という仮説に基づいています。つまり KPI の背景には「こうすれば,こうなるはずだ」という戦略があるわけです。しかし,この戦略も仮説でしかすぎないため,間違っている可能性があります。したがって戦略が正しいかどうかの仮説検証が必要になってくるわけです。

　たとえば訪問回数を増やしても提案機会が増えなかった場合,これは当初の戦略が間違っていた可能性があります。この場合は訪問データの分析が必要です。提案機会につながったケースとつながらなかったケースに何か違いがないか,顧客の業界や訪問の時間帯などの違いを分析します。この仮説検証により,やみくもに訪問回数を増やすよりもベターな改善策が出てくるでしょう。

　このように仮説検証には,KPI の目標値に対するものと,打ち手そのものに対するものがあるわけです。

[図表51-3]　2 つの仮説検証

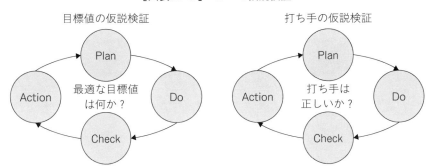

　KPI マネジメントには大きなメリットがあり,予算管理でも KPI マネジメントを活用することが理想的です。なお予算管理との関係については,次に詳述します。

Q52　予算とKPIマネジメントの関係性

予算管理とKPIマネジメントはどういう関係なのでしょうか？

A　予算とKPIの関係はQ6でも触れましたが，KPIマネジメントの観点で言えば，予算がKGIに該当し，予算を達成するためのプロセスを測定する指標がKPIとなります。

予算はあくまで財務目標のため，**結果的な指標**といえます。企業の最終的な結果である財務諸表を分解したものであって，そこに至るプロセスや活動を規定するものではありません。したがって組織マネジメントとしてはKPIを併用することが理想的です。

図表52-1はQ6の図表をアレンジしたものです。予算が売上1億円と決まった場合，A事業は予算を達成するための計画が必要です。そこで図表のように3つの基本戦略を立てます。この例では，売上に直接つながる有料会員を増やすために，まず新規の無料会員をできるだけ増やします。次に無料会員から有料会員に移行してもらうために，魅力的な有料サービスをどんどん追加します。これがA事業の基本戦略です。

[図表52-1]　予算におけるKGIとKPI

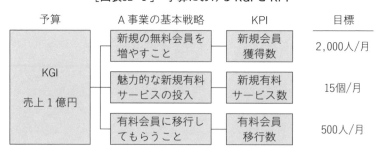

　しかし単に基本戦略を立てただけでは，社員としても「新規会員を増やすと言っても，どれくらい増やせばいいのかわからない」と思うでしょう。また管理者としても活動の進捗が把握できず，またデータに基づく PDCA サイクルも回すことができません。そこで KPI が必要になってくるわけです。

　KPI を設定したからといって安心してはいけません。基本戦略や KPI はあくまで仮説に過ぎないため，PDCA サイクルをぐるぐる回して，矢継ぎ早にネクストアクションを打たなければいけません。前項でも説明したとおり，KPI の目標値もあくまで**初期値**に過ぎないため，最適な値を求めて絶え間ない試行錯誤が必要です。また基本戦略についても，想定していたとおりの結果が出なければ，軌道修正をしなければなりません。

　このように，予算管理でも KPI マネジメントを併用し，予算達成のための戦略を立て，KPI を設定し，PDCA サイクルをぐるぐる回すことが重要になります。

Q53 バランス・スコアカードとの違い

バランス・スコアカードも KPI を活用しますが，同じような手法なのでしょうか？

A バランス・スコアカードは，財務偏重の業績管理に対する代替案として，財務以外もバランスよく評価するという手法です。財務以外の視点を評価する方法として KPI が用いられ，結果である財務指標に至るプロセスに焦点を当てている点で，KPI マネジメントと考え方が類似しています。

バランス・スコアカードは，「バランスよく評価する」ことが売りのため，財務の視点，顧客の視点，社内ビジネス・プロセスの視点，学習と成長の視点という4つの視点によるフレームワークを使います。この点は KPI マネジメントとの大きな違いです。また戦略マップやスコアカードといったツールを有することもバランス・スコアカードの特徴で，事業戦略を具体的な組織マネジメントに落とし込むことができるツールです。

一方，バランス・スコアカードにも課題があります。実際にバランス・スコアカードを使ってみると，目標や指標の設定に苦労するのがわかります。

財務の視点は簡単です。売上高や費用などは予算と同じだからです。内部ビジネス・プロセスも簡単です。生産リードタイムの短縮や故障率の改善などは，これまでも現場で管理してきた指標だからです。

しかし顧客や学習と成長の視点になると，かなり頭をひねらないと指標が出てきません。顧客満足度や社員研修回数などを設定してみても，何か重要な指標と，そうでもない指標が混じっているように感じます。バランスよく目標設定しなければいけないため，無理やり目標を設定するあまり，さほど重要でない指標が出てきてしまうのです。

また指標の数が多いことにも違和感を持つでしょう。一般的には各視点に5つ程度の指標を設定するとされているため，全体で20くらいの指標ができあが

ります。これだけあると，なかなか全部が頭に入らず，本当に重要な指標が埋もれてしまいます。戦略を数値目標に落とし込むというコンセプトはいいのですが，バランスを取りにいった瞬間，本当に重要な戦略へのフォーカスがぼやけてしまうのです。

バランス・スコアカードはバランスよく目標設定するところに特徴があるため，バランスを重視する代償として指標が多くなり，したがってフォーカスがぼやけてしまいます。メリットとデメリットがあるだけのことで，これ自体を否定するものではありません。うまく活用すれば非常に効果的なツールですが，中途半端に実施すると余計な手間ばかりかかって，扱いにくいツールとなってしまいます。

具体的に同じものをバランス・スコアカードとKPIマネジメントで描いてみると違いがわかります（**図表53-1**）。バランス・スコアカードは戦略の複雑な関係を戦略マップで表現できます。一方，KPIマネジメントはシンプルでわかりやすいですが正確な因果関係は描けません。どちらも一長一短があります。

[図表53-1] バランス・スコアカードとKPIマネジメントの比較

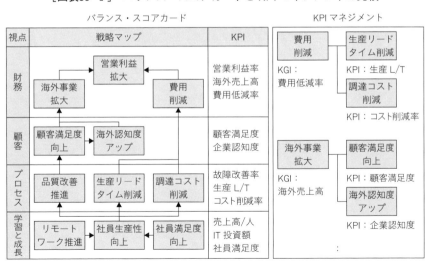

Q54 KPIの作り方・選び方

何をKPIとすればいいのかが難しいのですが，どのように
KPIを設定すればいいのでしょうか？

A 何をKPIとするかは実は一番重要な問題です。正しいKPIを設定
することができれば目標の達成はほぼ約束されていますが，間違った
KPIを設定すると，正しい管理をすればするほど間違った結果に突き進んでい
きます。

正しいKPI設定をするためには，次の2つが必要条件です。

---
① 目標に対して正しい戦略を立てる
② 戦略に対して正しいKPIを設定する

また①②の順番性も重要で，まず正しい戦略を立てることが先であり，KPI
から考えるものではありません。当たり前のことかもしれませんが，KPIマネ
ジメントというと，いきなりKPIを考え始める人が結構いるのです。

図表54-1を例に説明します。図表の戦略Aは，以前に説明したKPIの例で
すが，図表のとおり戦略に応じたKPIをそれぞれ設定しています。一方，戦略
Bは同じ目標ですが，まったく異なる戦略を立てています。戦略Aがプッシュ
型の営業アプローチであるのに対し，戦略Bはプル型のアプローチで，セミ
ナーによって広く潜在顧客を集める戦略です。

戦略が異なるため，当然のことながらKPIも異なるのがわかります。つまり
同じ売上1億円という目標に対しても，正しいKPIというのは「戦略の進捗を
最も正確に測定できる指標」ということになります。

戦略Aと戦略Bのどちらが正しい戦略かは別の問題です。もし戦略Aが間
違った戦略であれば，いくらKPIマネジメントを頑張っても，結果が出ないこ

[図表54-1]　戦略と KPI

とになります。ただし KPI マネジメントには戦略の仮説検証も含まれているため，PDCA サイクルの中で早めに戦略の間違いに気づき，軌道修正がなされるはずです。いずれにしても重要なことは，正しい KPI の設定の前提には，正しい戦略の立案があるということです。

　ところで，ここでは戦略という言葉を使っていますが，この表現は「活動」でも「施策」でも「打ち手」でも構いません。よく KPI マネジメントでは「重要成功要因」という言い方をしますが，これも本質的には同じです。なぜならば，本ケースでも「売上をアップするための重要成功要因は，訪問回数を増やし，提案件数を増やし，受注件数を増やすことである」というふうに言い換えられるからです。

　それでは正しい戦略に，間違った KPI を設定することはあるのでしょうか。

これは実際によくあります。間違った KPI というよりは，あまり良くない KPI を設定しているケースがよくあります。

たとえば先ほどの**図表54-1**の戦略 B で，無料セミナーの戦略に対して KPI を「セミナー参加人数」と設定していますが，KPI を「セミナー実施回数」と置いたらどうなるでしょうか。戦略は無料セミナーの実施なので，その進捗を測る指標としてセミナー実施回数と設定してもおかしくないでしょう。

しかしセミナー実施の目的は潜在顧客を集めることにあるため，セミナー参加人数を目標とするほうが適切です。なぜならばセミナーを10回実施して100人の参加者を集めるよりも，セミナーを 5 回開催して300人を集めるほうが，この

[図表54-2] KPI の悪い例

悪 い 例			良い例
戦 略	ＫＰＩ	説 明	KPI
物流費の削減	物流費	この費用は売上の変動によっても上下するため，物流費の改善に限定した測定ができない	物流費/売上高
本社経費のコストダウン	コストダウン達成率	指標はもともと達成率で評価するため，指標自体に達成率を含めると冗長となる	経費削減額
システムサポートのサービス向上	システム問い合わせ件数	システムサポートのサービス向上によって問い合わせ件数が減るだろうが，悪くても問い合わせが減ると考えられ，両方の要因が影響してしまう	サポートに対する社員満足度
新規商品の投入	売上高	確かに新規商品の投入によって売上拡大を狙っているが，新規商品の投入という行為から売上高まではやや遠く，もう少し直接的に測定すべき	新規商品投入数
お試しキャンペーンの実施	キャンペーン実施回数	実施を直接的に評価しすぎ。キャンペーン実施による成果に着目して指標を設定すべき（だからといって売上高では遠すぎることに注意）	キャンペーン参加顧客数
需要予測精度の向上	需要	確かに需要予測精度を向上させるために1つのデータとして需要を見るべきではあるが，外部要因であり，目標にする性質のものではない	需要予測精度

戦略の目的に合致しているからです。もしこのケースで KPI を実施回数として
いたならば，担当者は参加者300人を集めることよりも，セミナー10回実施する
ことを優先してしまうでしょう。

　このように KPI の設定も決して簡単なものではなく，よくよく考えなければ
いけません。よくあるミスを**図表54-2**にまとめています。

　KPI の設定にはさまざまな問題に直面します。一番多い問題が，KPI を算出
するためのデータが収集できない，あるいは収集するには膨大な作業が発生し
てしまうというケースです。この場合は，KPI の算出にかかるコストと，それ
による効果を見て決めなければいけません。もし本当に重要な指標であれば，
どんなにコストをかけても KPI とすべきです。逆にコストメリットがない指標
であれば，そもそも重要な指標なのかどうかを疑ったほうがいいでしょう。

　また KPI には 4 つのチェックポイントがあります。具体的には**図表54-3**に
あるとおり，**アクション可能性，測定可能性，信頼性，容易性**の 4 つで，KPI を
考える際には，このチェックポイントに照らし合わせて見直しをしていく必要
があります。

［図表54-3］　**KPI のチェックポイント**

アクション可能性	指標を見て改善のためのアクションがとれるかどうかのチェック。たとえば減価償却費や市場価格など，アクションがとれない指標は見ても意味がない。
測定可能性	指標を測定するために必要なデータが入手可能かのチェック。後になってデータ入手ができないことが判明すると，大変な作業の手戻りとなるため，できるだけ早い段階でチェックする必要がある。
信頼性	指標値の恣意的な操作を防げるかどうかのチェック。たとえば営業の訪問回数を指標とした場合，これが営業マンの自己申告のみに頼るとしたならば，信頼性のある指標とはいえない。
容易性	指標を容易に理解できるかのチェック。指標はわかりやすくなければ活用されない。たとえば EBITDA という指標を用いた場合，多くの人にとってはわかりづらい。指標を見れば直感的にわかるくらいの容易性が必要。

Q55 KPIとKGIの違いと相対性

KPIとKGIの違いがよくわからないのですが，明確な定義はあるのでしょうか？

A KPIは結果につながるプロセスの進捗をみる指標であり，KGIは結果そのものの達成状況をみる指標であると説明しました。しかし実はKPIとKGIは相対的な名称で，絶対的な定義があるわけではありません。前述したバランス・スコアカードの例をとって説明します。

図表55-1は以前にも例示したKGIとKPIの関係です。KGIが海外売上高で，これを達成するためのKPIが顧客満足度と企業認知度です。海外の売上高を拡大するためには，海外における顧客満足度と企業認知度のアップが重要成功要因と考えた指標設定です。

[図表55-1] KGIとKPIの例1

```
┌─────────┐    ┌─────────┐
│ 海外事業 │────│ 顧客満足度 │    KPI：顧客満足度
│   拡大   │    │   向上   │
└─────────┘    └─────────┘
KGI：海外売上高  ┌─────────┐
                │ 海外認知度 │    KPI：企業認知度
                │  アップ  │
                └─────────┘
```

次に**図表55-2**ですが，これは顧客満足度を向上させるための戦略になります。**図表55-1**の顧客満足度向上を一段ブレークダウンした形です。

[図表55-2] KGIとKPIの例2

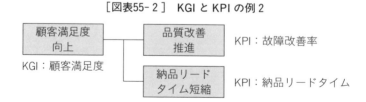

```
┌─────────┐    ┌─────────┐
│ 顧客満足度 │────│ 品質改善 │    KPI：故障改善率
│   向上   │    │   推進   │
└─────────┘    └─────────┘
KGI：顧客満足度  ┌─────────┐
                │ 納品リード │    KPI：納品リードタイム
                │ タイム短縮 │
                └─────────┘
```

　顧客満足度をアップさせるためには，何らかの打ち手が必要となるため，こ
こでは品質改善と納品リードタイム短縮を掲げています。納品リードタイムと
は，注文してから納品されるまでの日数のことですが，早く納品されることは
顧客にとってありがたいことです。

　見てわかるとおり，同じ「顧客満足度」という指標が，**図表55-1** では KPI で
あり，**図表55-2** では KGI となります。何を目標の起点とするかによって KPI
と KGI の位置づけが変わるのです。つまり相対的ということです。

　こう説明すると中には「KGI は最終的なゴールなのであって，顧客満足度は
最終的なゴールではないのではないか。顧客満足度も KPI なのではないか」と
反論する人もいるでしょう。しかし最終的なゴールなど決められるでしょうか。
売上高は最終的なゴールでしょうか。企業の時価総額でしょうか。300年続く企
業になることをゴールとしている企業もあります。つまり，どこまでいっても
相対的なのです。

　結局のところ，KPI と KGI をあまり厳密に考えないほうがいいです。むしろ
シンプルに，結果とプロセス，目的と手段，目標と戦略，といった相対関係で
捉え，組織マネジメントを最も効果的にできる指標体系を選ぶべきです。

162

Q56 KPI マネジメント成功のコツ

KPI マネジメントで成果をあげるコツを教えてください。

A KPI マネジメントで高い成果をあげるには，いくつか押さえるべきポイントがあります。同じ KPI を設定しても，その運用方法によって成果の大きさや目標達成の早さが変わってきます。ここでは３つのポイントを説明します。

① PDCA サイクルを短くする

これまで説明してきたように，KPI マネジメントの特徴の１つは PDCA サイクルをぐるぐる回し，仮説検証を繰り返すところにあります。それによって徐々に戦略のクオリティが磨かれていきます。このメリットを活かしきるには PDCA サイクルをできるだけ短くすることが重要となります。

たとえば月次で PDCA を回していると月に１回の仮説検証となりますが，週次で回すと月に４回の仮説検証ができることになります。当然のことながら月に１回よりも４回のほうが効果を早く刈り取ることができます。

たとえば訪問回数100回/月という目標があった場合，**月次**で進捗をチェックし，「100回の訪問は達成したかどうか，なぜ達成できなかったのか，どうすれば達成できるのか」などを検証することになります。この検証によって翌月はアプローチを修正して活動することになります。しかし訪問回数25回/週という目標にし，**週次**で PDCA サイクルを回したらどうでしょうか。そのほうがアプローチの修正頻度が高まるため，正しいアプローチに早く近づくはずです。まして**日次**で回せばなおさらです。

もちろん戦略の内容にもよります。訪問であれば毎日チェックすることも可能ですが，もう少し足の長い戦略では日次の管理ができないかもしれません。

たとえば新規商品の投入という戦略で，月に2～3種しか投入がない場合，これを日次で管理しても意味がありません。その場合は，短く管理できる別の戦略やKPIを考えてみることです。新規商品の投入頻度が低いのであれば，新規商品のアイデア件数や審査件数をKPIとするなど，PDCAサイクルを少しでも短くできる代替案を考えるべきでしょう。

② 複数の戦略を同時並行で実行する

　成果を早く刈り取るためには，戦略を1つひとつ仮説検証するのではなく，同時に複数の戦略を並行して検証すべきです。このほうが最も優れた戦略を早く見つけることができるからです。

　たとえば訪問回数100回/月という戦略について，Aチームは80回/月，Bチームは100回/月，Cチームは120回/月と設定すれば，どの戦略が最も優れているかを同時並行で検証ができます。戦略の検証でも同じで，訪問に注力する戦略と，セミナーに注力する別の戦略を同時並行で実行してみても同じように検証できます。

　この方法は，正解がわからないビジネスで特に効果があります。訪問回数を増やせば売上が増えることが明らかなビジネスであれば，複数の戦略を試す必要もありません。ひたすら訪問回数に注力すればいいでしょう。しかし，どうすれば売上が伸びるのかわからない状況では，できるだけ数多くの戦略を試し

［図表56-1］　複数戦略によるPDCA

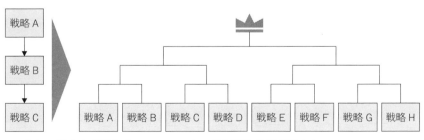

1つひとつ試すのではなく…　　　　　すべてを同時並行で試す！

てみる価値があります。具体的には，目標達成に効果がありそうな戦略をリストアップし，すべてを同時並行で実行します。そして最も優れた戦略を明らかにするのです。

シリコンバレーでは**フェイルファスト**（Fail Fast）という言葉があります。これは「早く失敗せよ」という意味ですが，ベンチャー成功の秘訣は，失敗しないように気をつけることではなく，「誰よりも早く，多く失敗することだ」というメッセージです。早く失敗の方法がわかれば，早く成功の方法にたどり着くという考えですが，KPIマネジメントで優れた戦略にたどり着く場合にも言えることです。

たとえば目標達成に効果がありそうな戦略をリストアップし，仮に10個のアイデアが出てきた場合，古い日本企業であれば，おそらく10個のアイデアを評価し，うまくいきそうな上位3個を選定して実行に移すでしょう。しかしシリコンバレー流の考え方では，アイデアの評価や選定をする時間があれば，10個全部をすぐに実行へ移し，早く失敗することを選ぶのです。

③ 新しい戦略を試し続ける

優れた戦略を見つけたからといって仮説検証が完了したわけではありません。経営環境は常に変化しており，競合他社も新しい動きをしてきます。今日の成功は明日の成功を約束しません。常に新しい戦略を試し続けることがKPIマネジメントで成功するポイントです。

新しい戦略を試し続ける手法として**チャンピオン/チャレンジャー戦略**というものがあります。チャンピオン戦略とは現在の戦略を指し，チャレンジャー戦略とは，これから試す新しい戦略のことを指します。現在うまくいっている戦略もいつかは陳腐化するため，新しい戦略をチャレンジャーとして試行し，もしチャレンジャー戦略がうまくいけば，これをチャンピオンとして昇格させるという手法です。

図表56-2は，再び訪問回数を例にとったものです。チャンピオン戦略は訪問回数100回/月です。これまでの経験則で月100回の訪問が最も効果的と考えてい

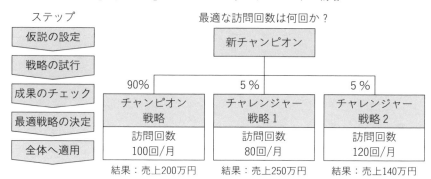

［図表56-2］　チャンピオン/チャレンジャー戦略

たとします。しかし時間の経過とともに，この訪問回数が本当にベストかどうかわからなくなりました。かといって，やみくもに回数を増減させると業績に悪影響が出るかもしれません。そこでチャレンジャー戦略として，全体の5％の営業マンだけを対象に目標を120回に増やしてみます。これによって売上に上昇が見られれば，現在の戦略より優れていることになるため，新しいチャンピオン戦略として全営業マンへ適用します。もし120回で売上が増加しなければ，130回，140回と修正を繰り返し，最適な回数を見つけ出します。このチャンピオン/チャレンジャー戦略の特徴は，全体への影響を最小限にとどめながら，常に新しい戦略を探し続けるところにあります。

　これは目標値の仮説検証にとどまらず，少し異なる戦略やアプローチを試す場合も同じです。さきほどの複数の戦略を同時並行で実行する方法は，最初に最適な戦略を見つけ出す際に効果的ですが，チャンピオン/チャレンジャー戦略は，その後の継続的な戦略の見直しに効果を発揮します。

Q57 KPIマネジメントの伝説的事例

KPIマネジメントは新しい手法なのでしょうか？

A KPIマネジメントという言葉は，わりと最近聞かれるようになりましたが，KPIを組織マネジメントに活用する考え方は昔からありました。特に製造業では，操業度，歩留り率，在庫回転率など，古くから日本企業の業務改善に使われてきました。ただ最近のKPIマネジメントは，製造業以外のあらゆる業務においてKPIを応用することで注目を集めています。

筆者がKPIマネジメントの凄さを実感したのは20年以上も前にさかのぼります。それはKPIとの衝撃的な出会いでした。1999年10月に**日産リバイバルプラン**が発表されたときのことです。かなり昔の話ですが，KPIマネジメントの凄さがよくわかるケースであり，日産リバイバルプランを知らない世代の人も多いと思いますので，ここで改めて紹介したいと思います。

1999年以前の日産は，過去十数年にわたり業績の悪化に苦しんでいました。グローバルシェアは低下し，92年から98年の7年間に6度の赤字を出し，巨額の有利子負債を抱え込んでいました。その最悪の状況にルノーから送り込まれてきたのがカルロス・ゴーン氏です。現在のゴーン氏は被告となってしまい，ここで取り上げるのも不謹慎かもしれませんが，当時の日産リバイバルプランはKPIマネジメントの成功事例として今でも非常に参考になります。

日産リバイバルプランとは，1999年10月にカルロス・ゴーンCOO（当時）が発表した再建計画です。その中で3つの達成目標を掲げ，3つのうち1つでも未達成の場合は，経営陣全員が辞任することを公約したのです。その覚悟にも驚きましたが，実際に1年前倒しで達成したことにもっと驚きました。

では日産リバイバルプランを見てみましょう。**図表57-1**は，実際の日産リバイバルプランを図式化したものです。これを見ると，会社全体の数値目標に対

して，個々の戦略が具体的に設定されており，さらに戦略ごとに数値目標が設定されています（ここでは戦略と施策という言葉を便宜的に同義語として扱います）。当時，ゴーン氏の**コミットメント**や**必達目標**という言葉がとても有名になりました。目標を達成するための具体的な戦略と数値目標があり，責任者がそれにコミットしなければ，計画は達成されないというのが彼の信念です。そして計画は実際に達成しました。その計画の**実行力**に多くの日本人が驚いたはずです。

[図表57-1]　日産リバイバルプランの骨子

経営目標

①00年度：黒字化，②02年度：営業利益率4.5%以上，③02年度末：有利子負債半減

重点取組課題	施　策	KPI/目標
事業の発展	新商品の投入／自動車関連事業の展開／ブランドアイデンティティ確立強化／リードタイム短縮	・02年までに22の新車 ・02年までに軽自動車の投入
購　買	サプライヤーの見直し／仕様・基準の見直し	・3年間で20%の購買コスト削減 ・サプライヤー数半減
製造・物流	生産効率向上／費用効率向上	・車両組立3工場閉鎖 ・ユニット2工場閉鎖 ・国内稼働率53%→82%
研究開発	研究開発能力有効活用	・プロジェクト効率20%向上
販売/マーケティング	広告宣伝費削減／販売網スリム化／インセンティブ削減	・単一のグローバル広告代理店 ・販売費20%削減 ・国内販売拠点数10%削減
一般管理費	固定費削減	・販売費／一般管理費20%削減 ・従業員21,000人削減
財務コスト	株式保有取りやめ／ノンコア資産の見直し／運転資金の見直し	・有利子負債を半減7千億円以下

では他の一般企業の経営計画はどのようになっているでしょうか。ほかの上場企業の決算発表会資料を見てみるとわかりますが，その戦略は定性的なものがほとんどです。たとえば**図表57-2**は，別の某自動車メーカーが決算発表会で公表した中期経営計画を図式化したものです。公表された情報ですが，ここではあえて企業名は伏せておきます。

同社の経営計画を見てみると，重点取組テーマごとに戦略が設定されており，日産リバイバルプランと形はよく似ています。しかし具体的な数値目標はありません。あるのは結局，売上とコストの全社目標だけです。全社目標を達成す

［図表57-2］　某自動車メーカーの中期経営計画の骨子

経営目標

①売上高35%UP，②営業利益25%UP，③ROA8.1%，④D/E レシオ0.7

重点取組課題	施　策	KPI/目標
ブランド戦略の推進	戦略的ポートフォリオの構築 / マーケティング戦略強化 / 販売・サービスの質的な変革	
走りと安全，環境に対応した技術革新	期待を超えるクルマづくり / 自動車用電池開発合弁設立	
事業の日米二極自立化へ向けた布石	日本35万台販売への取組み / 販売品質の刷新 / 日本新たなVCの創生 / 北米30万台へ向けた布石 / 北米プレミアム路線の発展 / 欧州市場復権に向けた再構築 / 豪州プレミアム販売戦略推進	・売上台数目標 日本：25%UP 北米：37%UP 欧州：100%UP
総合コスト低減活動の推進	生産システムの変革 / 新しい原価改革活動	・直材費低減−24%
グループアライアンス効果の更なる充実	グループ内での存在感を拡大 / 多面的にシナジーを追求	

るための戦略に対して，KPIも数値目標も示されていません。定性的な戦略ではコミットメントもできないし，そもそも目標がなければ達成の定義がわかりません。

　これは，この自動車メーカーだけの話ではなく，多くの企業において似たような事象が見受けられます。各社の決算発表会資料を見ても，最終的な全社の売上目標や利益目標は示されているものの，戦略については定性的な表記にとどまり，具体的な目標が設定されていません。戦略が具体的な数値目標に落とし込まれていないため，その実行性には疑問が残ります。

　筆者は当時，大手コンサルティングファームの戦略グループにて，中期経営計画などの戦略立案を支援する立場にいました。すなわち中期経営計画には詳しかったわけですが，日産リバイバルプランを見たときは衝撃を覚えました。当時，これだけ具体的なKPIと数値目標を明示した経営計画は，初めて見たからです。「ここまでやるか」と思ったと同時に，「こんなに約束して大丈夫か，本当にやり切れるのか」と心配にもなりました。しかし間もなく目標達成したのです。1年前倒しで。

　目標を達成するためには戦略が必要です。しかし戦略を作るだけでは意味がありません。具体的なKPIと数値目標，そして責任者のコミットメントが必要条件です。日産リバイバルプランは，その方程式を証明しているのです。

索　引

英数

ABB ································140
ABC ································140
ABC のコスト配賦方法················141
ABM ································140
AI-OCR ·····························116
Beyond Budgeting ··················120
GM ·································18
IRR（Internal Rate of Return）········83
JIT ································67
Key Result ························144
KGI ································148
KGI と KPI の関係性 ···············148
KPI ································12
KPI のチェックポイント ············159
KPI の悪い例 ·····················158
MECE ·······························98
NPV（Net Present Value）·············83
Objective··························144
OKR ································144
PDCA サイクル ·····················26
PP（Payback Period）··············83
ROI（Return on Investment）·········83
RPA ································114

あ行

アクティビティ ····················141
アクティビティコスト···············53
アクティビティドライバー ···········141
足切り基準·························84
アメーバ経営 ······················5
安全在庫·························66
一般管理費予算····················78
ウィン・セッション ················145

（右段）

打ち手の仮説検証 ·············150,151
売上高予算·························46
売掛金回収 ························108
運転資本予算······················80
営業外損益予算····················30
営業ノルマ ························6
押し込み販売 ······················9

か行

回収期間法·························83
外部リソース······················44
学習と成長の視点 ·················128
過剰在庫の問題点···················62
仮説検証··························23
活動管理··························90
活動基準管理······················140
活動基準原価計算···················140
活動基準予算管理···················140
カルロス・ゴーン ·················166
間接経費··························60
間接材料費························60
間接労務費························60
簡素化···························69
管理サイクル······················90
管理不能コスト····················55
季節性···························50
既存案件··························82
キャッシュ・フロー計算書予算·········31
業績評価機能······················28
京セラ····························4
共通化···························69
業務の移管と集約···················45
黒字倒産··························80
経営会議··························22
経営会議の意義····················92

172

経営の見える化 …………………………18
計画機能 …………………………………28
景気循環的変動 …………………………50
経済的発注量 ……………………………73
経理の役割 ………………………………36
原因分析 …………………………………95
現金収支予算 ……………………………80
現金主義 …………………………………31
購買予算 …………………………………74
顧客の視点 ……………………………128
コストオブジェクト …………………141
コミッテッドコスト …………………53
コミットメント ……………………15,167

さ行

在庫回転日数 …………………………107
在庫管理表 ……………………………106
在庫削減 …………………………………62
在庫予算 …………………………………56
財務の視点 ……………………………128
材料在庫予算 …………………………64,70
サプライマネジメント（供給管理）…74
仕入原価予算 ……………………………58
ジェレミー・ホープ …………………120
仕掛品在庫 ………………………………68
仕掛品在庫予算 …………………………64
事業計画 …………………………………21
事業計画の粒度 …………………………22
事業ポートフォリオ戦略 ……………15
資金予算 …………………………………30
資金流動性の維持 ………………………80
時系列分析法 ……………………………50
システム化 ………………………………42
資本予算 …………………………………30,82
下期予算修正 ……………………………40
ジャスト・イン・タイム ……………67
社内ゲーム ………………………………16
集中購買 …………………………………75
重要業績評価指標 ……………………148

重要目標達成指標 ……………………148
上級管理者の意見による見積り ……48
正味現在価値 ……………………………83
将来予測 ………………………………105
信用取引 …………………………………31
信用予算 …………………………………80
数字ベースの目標設定 ………………17
スコアカード …………………………131
スベンスカ・ハンデルスバンケン …124
生産リードタイム ………………………66
製造間接費予算 …………………………58
製造原価予算 ……………………………56
製造高予算 ………………………………56
製造予算 …………………………………56
制度案件 …………………………………82
製品在庫予算 ……………………………64
製品別標準材料消費量/作業時間 …59
責任分析 …………………………………95
設備投資 …………………………………82
設備投資予算 ……………………………30
ゼロックス社 …………………………129
先行指標 ………………………………149
専門的作業 ………………………………44
戦略案件 …………………………………83
戦略性 ……………………………………15
戦略的な予算配分 ………………………15
戦略とKPI ……………………………157
戦略のブレークダウン …………………27
戦略マップ ……………………………131
相関係数 …………………………………51
総合評価 …………………………………83
総合予算 …………………………………30
組織の分権化 …………………………123
組織別収支管理表 ……………………102
組織マネジメント ………………………12
損益計算書予算 …………………………31
損益予算 …………………………………30

た行

貸借対照表予算·····················31
脱予算経営 ·····················126
単純作業·····················44
単年度事業計画·····················25
チェックイン・ミーティング ·······145
遅行指標 ·····················149
着地見込み·····················104
チャンピオン/チャレンジャー戦略······164
中期経営計画·····················25
長期的トレンド·····················50
調整機能·····················28
調整のプロセス·····················28
調達コスト削減アプローチ·····················75
調達費削減·····················74
直接材料費予算·····················58
直接労務費予算·····················58
通常案件·····················83
月別必要材料数量·····················58
月別必要作業時間·····················60
積上げ法·····················46
定期発注点方式·····················70
定性評価·····················83
定量発注点方式·····················70
定量評価·····················83
適正在庫量·····················65
デジタル化 ·····················116
デビット P. ノートン·····················128
デマンドマネジメント（需要管理）······74
デュポン·····················18
デルファイ法·····················49
伝達機能·····················28
動機づけ機能·····················28
統計的手法·····················50
投資案件の評価と選定·····················82
投資収益率·····················83
投資対効果の評価手法·····················83
投融資·····················82

投融資予算·····················30
トップダウンアプローチ·····················48

な行

内部収益率法·····················83
内部通報制度 ·····················126
内部ビジネス・プロセスの視点 ·······128
日産リバイバルプラン ·····················166
年間カレンダー·····················40
ノルマ ·····················6

は行

パッケージソフト ·····················110
発生主義·····················31
バランス・スコアカード ·····················123
パワハラ·····················8
パワハラ防止法 ·····················9
販売費の特徴·····················52
販売費予算·····················52
ビジョン·····················25
必達目標·····················167
標準化·····················45
評点法·····················84
フェイルファスト ·····················164
フォワード・ルッキング ·····················105
分散購買·····················75
粉飾決算 ·····················8
変化適応型プロセス ·····················120
ボトムアップアプローチ·····················48
ホワイトカラーの生産性向上 ·······143

ま行

マニュアル化·····················45
マネジドコスト·····················53
マネジメントツール ·····················3
見える化·····················79
ミッション·····················24
見積り法·····················46
目標設定の公平性·····················16

目標設定プロセス……………………16
目標値の仮説検証 ………………151

や行

予算管理システム ………………112
予算管理プロセス…………………32
予算差異の分析……………………94
予算財務諸表………………………31
予算至上主義 ………………………9
予算体系……………………………30
予算統制プロセス…………………32
予算の機能…………………………28
予算不要論 …………………5,120
予算編成期間の短縮………………42

予算編成プロセス…………………32
予算編成方針………………………32
予算目標の整合性 …………………3
予実管理……………………………22

ら行

利益管理手法 ………………………2
利益計画 ……………………………2
リソース ……………………………141
ローリングフォーキャスト………19
ロジックツリー……………………99
ロバート S. キャプラン………………128
ロビン・フレーザー ………………120
ロボット ……………………………114

＜著者紹介＞

芳野　剛史（よしの　つよし）
グッドフィールドコンサルティング代表。
米ペース大学経営大学院　修士課程修了（MBA）。

PwC コンサルティング戦略グループディレクター，デロイトトーマツコンサル
ティング執行役員パートナーを経て現職。
経営戦略，経営管理，予算管理，海外進出，業務改善等の戦略/ビジネスコンサルティ
ングに20年以上にわたり従事。現在は独立し，コンサルティング活動を続けてい
る。
著書に『不況を勝ち抜く予算管理ガイドブック』（2012年12月），『海外進出のための
フィージビリティスタディ』（2015年7月），『定型業務を効率化する　実践 RPA
ガイドブック』（2022年6月）など。
E-Mail：yoshino@goodfield.main.jp

実践 Q&A 予算管理のはなし

2021年12月25日　第1版第1刷発行
2023年6月5日　第1版第4刷発行

著　者　芳　野　剛　史
発行者　山　本　　　継
発行所　㈱中　央　経　済　社
発売元　㈱中央経済グループ
　　　　パブリッシング

〒101-0051　東京都千代田区神田神保町1-35
電話 03（3293）3371（編集代表）
　　 03（3293）3381（営業代表）
https://www.chuokeizai.co.jp
印刷／昭和情報プロセス㈱
製本／侑井上製本所

© 2021
Printed in Japan

＊頁の「欠落」や「順序違い」などがありましたらお取り替えいた
しますので発売元までご送付ください。（送料小社負担）
ISBN978-4-502-40901-1　C3034